Rechtschreibung
verstehen und
systematisch
üben

Mechtild Pesch-Beulmann

Mit umfangreichem Übungsmaterial
als Kopiervorlagen für die Grundschule

Verlag an der Ruhr

Impressum

Titel
Rechtschreibung verstehen und systematisch üben
Mit umfangreichem Übungsmaterial als Kopiervorlagen für die Grundschule

Autorin
Mechtild Pesch-Beulmann

Titelbildmotiv
© anamad – Fotolia.com

Illustrationen
Norbert Höveler

Druck
AZ Druck und Datentechnik GmbH, Kempten, DE

Verlag an der Ruhr
Mülheim an der Ruhr
www.verlagruhr.de

Geeignet für die Klassen 2–4

© Verlag an der Ruhr 2018
ISBN 978-3-8346-3698-0

Inhaltsverzeichnis

Merkblätter und Arbeits-Pass

Übungshefte

Wir hören!

Wir können nicht alles sofort hören!

Wir können nicht alles hören!

Hinweise für die Lehrkraft

Konventionelle Lehrmaterialien

Naturtalente im Rechtschreiben erfassen Rechtschreibprinzipien intuitiv, behalten sie und wenden sie weitgehend fehlerfrei an. Im **Schulalltag** sind Naturtalente jedoch eher die Ausnahme. Tatsächlich fühlen sich nur die wenigsten Schüler* in allen Rechtschreibbereichen sicher und haben die dazugehörigen Regeln verinnerlicht.

Besonders Kinder, die das lautgetreue Schreiben eher mühevoll erlernt haben, fühlen sich im 2. Halbjahr der 2. Klasse – vor allem aber ab Beginn der 3. Klasse – von **unklaren Rechtschreibregeln** überfordert. So turnen sie nicht selten durch Sprachbücher und Rechtschreibtrainer von einer Aufgabenstellung zu einer völlig anderen Übung, ohne das zugrundeliegende Prinzip zu verstehen.

Die **Übungsaufgaben der gängigen Lehrwerke** sind in der Regel kurz und werden schnell von anderen Übungen – aber auch völlig anderen Themen – abgelöst. Zudem enthalten die meisten Materialien zahlreiche Illustrationen und Rahmengeschichten, die die Kinder motivieren sollen, für viele aber eine Überforderung darstellen. So haben manche Schüler z. B. Schwierigkeiten, sich auf einem stark bebilderten Arbeitsblatt zu orientieren oder inhaltlich ausgeschmückte Arbeitsaufträge zu verstehen. Und auch die inhaltlichen Erklärungen und Regeln sind für diese Kinder oft nicht nachvollziehbar.

Rechtschreibung üben – mit System

Meine Einzelarbeit mit Hunderten von LRS-Kindern zeigte mir mit Blick auf die herkömmliche Unterrichtspraxis, dass es anders gehen muss und kann. So ist das vorliegende Material als **Alternative bzw. Ergänzung für konventionelle Lehrmaterialien** gedacht.

Das Übungsmaterial basiert auf dem **Prinzip der phonologischen Bewusstheit** und wurde bereits in der LRS-Therapie sowie dem Deutsch- und Förderunterricht in der Grundschule erfolgreich eingesetzt. Meine Ausgangsüberlegung hierzu war, dass

Übungsmaterial, das rechtschreibschwache Kinder entscheidend unterstützt, im Prinzip für alle Grundschulkinder hilfreich sei.

➜ Zielsetzung des Materials

Bei der Entwicklung des Übungsmaterials war es mein Ziel, den vermeintlich „großen Rechtschreib-Berg ganz klein zu machen" und für die Schüler **verständlich und systematisch** aufzubereiten. Denn es ist nicht von der Hand zu weisen: Die Systematik der Rechtschreibung folgt klaren Gesetzen. Sie ist verständlich. Man kann sie sich merken. Ausnahmen und Bereiche mit wenigen Wörtern kann man üben; auch da gibt es eine Systematik. Kinder lieben es, Prinzipien zu verstehen und anzuwenden. Das bedeutet nicht, dass unmittelbar alles richtig geschrieben werden kann. Aber systematische Übungen zu einem Thema, welches die Schüler einordnen können und verstanden haben, wirken nachhaltig.

➜ Aufbau des Materials

Schon auf den ersten Blick unterscheidet sich das vorliegende Unterrichtsmaterial deutlich von den konventionellen Lehrwerken. So wurde bei der Gestaltung bewusst auf den Einsatz einer Rahmengeschichte verzichtet und sich stattdessen auf das Wesentliche konzentriert: die systematische und nachhaltige Einübung der Rechtschreibung.

Alle Seiten in diesem Buch können als **Kopiervorlage** schnell und unkompliziert im Unterricht eingesetzt werden. Die Materialien umfassen **21 Lernbereiche** und beinhalten die folgenden Bausteine:

Merkblätter
Die Merkblätter (S. 8–14) sollten in den Lerngruppen jeweils vor dem Einsatz der Übungshefte besprochen werden.

---

* Aus Gründen der besseren Lesbarkeit haben wir in diesem Buch durchgehend die männliche Form verwendet. Natürlich sind damit auch immer Frauen und Mädchen gemeint, also Lehrerinnen, Schülerinnen etc.

Arbeits-Pass

Der Arbeits-Pass (S. 15) gibt den Schülern eine Übersicht über die im vorliegenden Material behandelten Rechtschreib-Themen. Hier können die Kinder die Themen abhaken, die sie bereits bearbeitet haben.

Übungshefte

Zu allen Themenbereichen gibt es 21 Übungshefte (ab S. 18), mit denen die Kinder selbstständig arbeiten. Jedes Übungsheft umfasst mehrere Arbeitsblätter, die von den Schülern der Reihe nach bearbeitet werden sollen. Die Reihenfolge der Übungshefte folgt der im Buch vorgestellten Systematik, lässt sich je nach Bedarf aber auch variieren.

Das Material kann in einem persönlichen „Rechtschreib-Ordner" abgeheftet werden und steht den Kindern jederzeit zum weiteren Üben, Nachschlagen und Kontrollieren zur Verfügung.

Wörterlisten

Wenn ein Übungsheft mit einer Wörterliste beginnt, gilt diese für alle weiteren Aufgaben des Heftes. Zunächst markieren die Schüler in der Wörterliste Nomen und Verben mit unterschiedlichen Farben. Damit wird auch die Unterscheidung der Wortarten geübt. Dann wird jedes Arbeitsblatt entsprechend der Arbeitsanweisungen bearbeitet. Nebenbei werden hier die Personalformen der Verben geübt, die einigen Schülern erfahrungsgemäß Probleme bereiten.

Bei Einsetzübungen können und sollen sich die Kinder der schon bearbeiteten Wörterlisten aus früheren Übungsheften bedienen. So üben sie das Kontrollieren und festigen ihren Wortschatz.

Kontrolllisten

Auf dem Deckblatt der Übungshefte findet sich eine Kontrollliste. Hier haken Schüler und Lehrer jeweils die bereits bearbeiteten und kontrollierten Aufgaben ab.

Einsatz des Materials im Unterricht

→ Lernvoraussetzungen

Für die erfolgreiche Einführung der Rechtschreibsystematik sollten sich die Schüler folgende **Kompetenzen** aus den Bereichen „Richtig schreiben" und „Sprache untersuchen" in den ersten beiden Schuljahren angeeignet haben:

◉ Laute richtig und in der richtigen Reihenfolge hören
◉ Vokale und Konsonanten unterscheiden
◉ lange und kurze Vokale unterscheiden
◉ Laute in Buchstaben überführen
◉ Gehörtes verschriften
◉ Verschriftetes lesen und kontrollieren
◉ Wörter erkennen (Wortgrenzen)
◉ Wortarten in Bezug auf Groß- und Kleinschreibung unterscheiden
◉ Wortfamilien bilden
◉ Sätze erkennen (Satzgrenzen)
◉ Satzanfänge durch Großschreibung kenntlich machen
◉ Satzenden durch Satzzeichen kenntlich machen

Im Verlauf der 2. Klasse sollten auch die folgenden **„Werkzeuge"** aus dem Bereich „Sprache untersuchen" den Schülern bekannt sein und der Umgang damit immer wieder geübt werden:

◉ Wörter verlängern
◉ Wörter ableiten (Grundformen finden)
◉ Verben in die Personalformen „ich" und „du" setzen
◉ Plural bilden
◉ verwandte Wörter finden

Das vorliegende Übungsmaterial ist so konzipiert, dass die Kinder auch im Umgang mit diesen „Werkzeugen" mehr Sicherheit gewinnen und sich mit deren Hilfe die Schreibweise vermeintlich schwieriger Wörter erschließen können.

→ Die Theorie in die Praxis umsetzen

Die deutsche Rechtschreibung basiert auf einer überschaubaren und logischen Systematik. Diese baut im Wesentlichen auf den oben genannten **Kernkompetenzen** auf.

Zu Beginn des Rechtschreib-Trainings gebe ich meinen Schülern immer einen **Überblick über die wesentlichen Bereiche** der Rechtschreibung. Dazu verwende ich gern das Bild eines Kuchens zur Veranschaulichung. Der **„Rechtschreib-Kuchen"** ist in vier Stücke unterteilt und umfasst die wichtigsten Rechtschreibthemen:

1. Wir hören!

Dieser Bereich umfasst alle lautgetreuen Wörter, hier insbesondere Wörter mit langen und kurzen Vokalen.

2. Wir können nicht alles sofort hören!

Hierzu zählen Wörter mit ähnlich oder gleich klingenden Lauten am Wortende und in der Wortmitte (b/p, d/t, g/k, ä/e, eu/äu). Die richtige Schreibweise lässt sich mit dem entsprechenden „Werkzeug" (z.B.: Wörter verlängern, Wortverwandte finden) herausfinden.

3. Wir können nicht alles hören!

Dieser Bereich umfasst Wörter mit den Buchstaben V/v sowie x und chs. Hier greifen die „Werkzeuge" nicht und die Wörter müssen auswendig gelernt werden.

4. Wir merken uns die Regeln zur Groß-/Kleinschreibung und zur Zusammen-/Getrenntschreibung!

Auch die Groß-/Kleinschreibung sowie die Zusammen-/Getrenntschreibung lassen sich dem Bereich Rechtschreibung zuordnen und sollten im Grundschulunterricht regelmäßig thematisiert werden. Bei der Konzeption des vorliegenden Übungsmaterials wurden diese beiden Bereiche allerdings bewusst ausgeklammert, um so dem Thema Orthographie mehr Raum zu geben.

Durch das Bild des Rechtschreib-Kuchens wissen die Schüler bei jedem einzelnen Rechtschreibthema, in welchem Bereich sich die Klasse befindet. Der **Überblick über das „Große Ganze"** ist gewährleistet. Damit verbunden ist die Erkenntnis, dass Rechtschreibung überschaubar ist. So ist ein wesentlicher lernpsychologischer Effekt erreicht, der auch beim selbstständigen Lernen greift.

→ Übungsstrategien

Bei der Arbeit mit dem vorliegenden Übungsmaterial ist es wichtig, **konsequent und systematisch** vorzugehen. Folgende Strategie hat sich in der Praxis bewährt:

1. Verstehen

Die Schüler verstehen die der Rechtschreibung zu Grunde liegende Systematik.

2. Systematisch üben und „Werkzeuge" nutzen

Die Schüler üben die einzelnen Rechtschreib-Bereiche systematisch. Sie bearbeiten gemischte Übungen erst dann, wenn sie über eine gewisse Rechtschreib-Sicherheit verfügen. Dabei nutzen sie die entsprechenden „Werkzeuge".

3. Auswendiglernen

Die Rechtschreib-Bereiche, bei denen die „Werkzeuge" nicht greifen, lernen die Schüler auswendig und üben sie. Gleiches gilt für Bereiche, die nur wenige Wörter umfassen.

→ Flexibler Einsatz im Deutsch- und Förderunterricht

Die Übungsmaterialien können flexibel im **Deutsch- und Förderunterricht** verwendet werden. Sie sind für die Freiarbeit und Hausaufgaben einsetzbar und können individuell gekürzt oder um weitere Aufgaben ergänzt werden.

Es empfiehlt sich, vor dem Einsatz der Übungshefte die **Merkblätter (8–14)** den Schülern als Kopiervorlage (eventuell auch als Plakat für den Klassenraum) zur Verfügung zu stellen und zu **besprechen**. So erhalten die Kinder einen Überblick über die wesentlichen Bereiche der Rechtschreibung und erkennen: Der vermeintliche „Rechtschreib-Berg" ist kleiner als gedacht und recht überschaubar.

Die Freude der Schüler über diese Erkenntnis, aber auch die Aha-Erlebnisse von Eltern und Kollegen habe ich so oft erlebt, dass sie mich durch über 35 Jahre LRS-Therapie und 15 Grundschuljahre weich getragen haben. In diesem Sinne:

Viel Freude und Erfolg bei diesem sonst eher unbeliebten Thema!

Mechtild Pesch-Beulmann

Illustration: © Anja Boretzki

Merkblätter und Arbeits-Pass

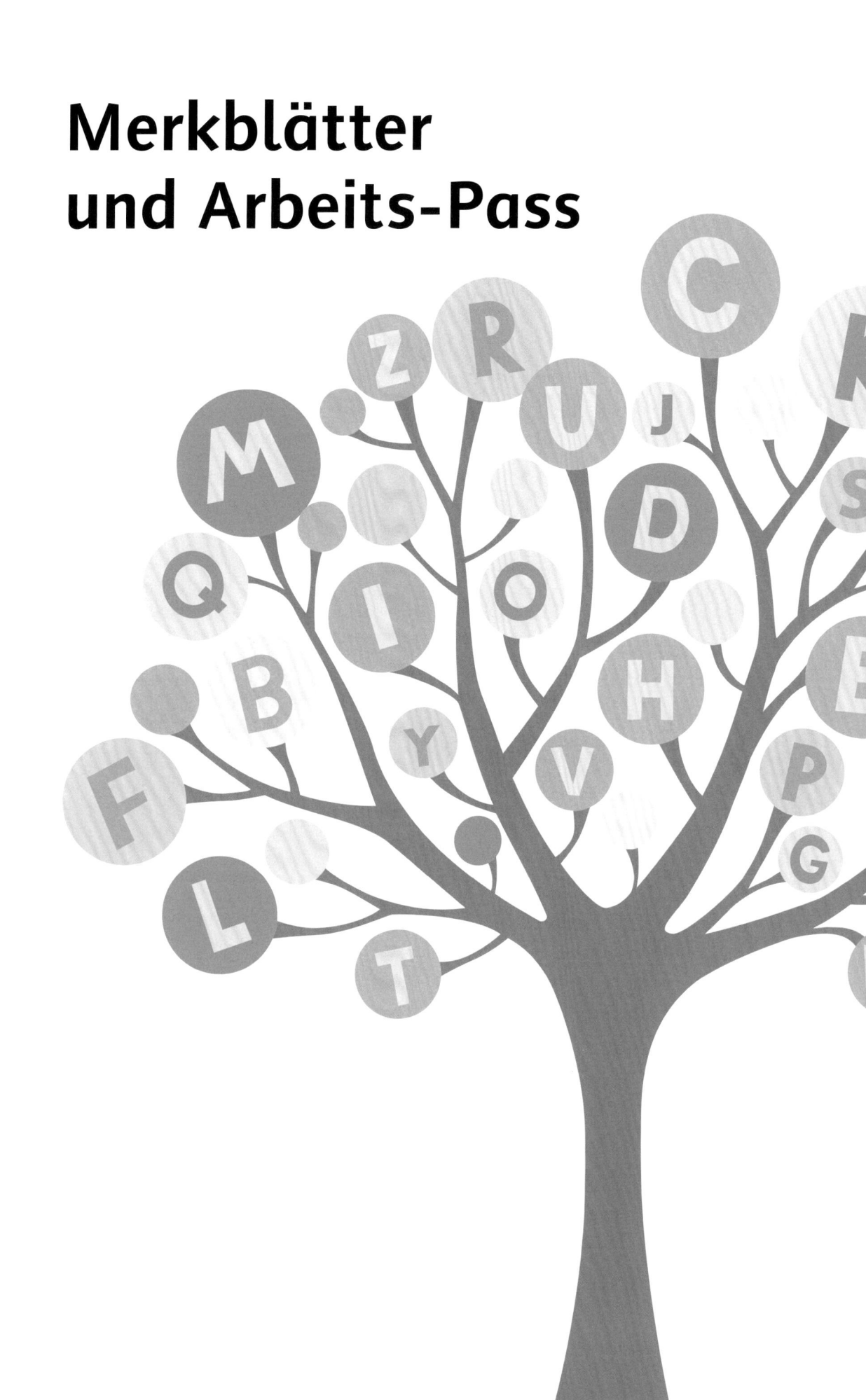

Wir schreiben mit Strategie!

Wir unterteilen die Rechtschreibung in vier Bereiche –
wie einen Kuchen, den man in vier Stücke teilt:

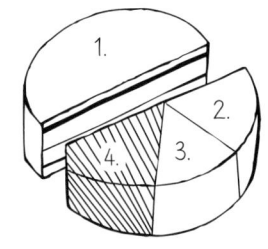

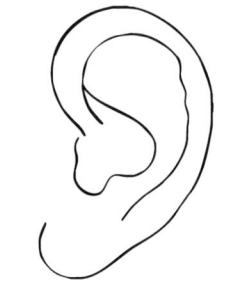

1. Wir hören!

Das ist das größte Stück unseres Rechtschreib-Kuchens.
Die meisten Wörter schreiben wir so, wie wir sie sprechen
(zum Beispiel: Mama, Dach, Auto).
Unser Gehör hilft uns aber auch beim Schreiben anderer Wörter.
Hierzu müssen wir Konsonanten von Vokalen und **kurze von langen
Vokalen unterscheiden** können.

> Die Laute **a, e, i, o** und **u** sind **Vokale**. Wir nehmen **ä, ö** und **ü**
> dazu. Es gibt **lange** und **kurze** Vokale. Die anderen Laute nennen
> wir **Konsonanten**.

2. Wir können nicht alles sofort hören!

Bei vielen Wörtern können wir nicht sofort heraushören, wie sie
geschrieben werden. Mit kleinen Tricks können wir die richtige
Schreibweise aber oft heraushören. Hierzu müssen wir nur auf
das richtige **Werkzeug** zurückgreifen (zum Beispiel: Wörter
verlängern, Wortverwandte finden).

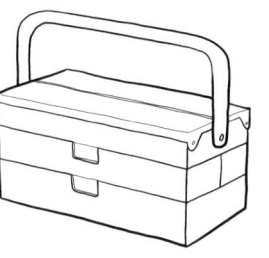

3. Wir können nicht alles hören!

Nicht immer funktionieren die Werkzeuge. Manche Wörter,
die ähnlich klingende Laute haben, müssen wir einfach
auswendig lernen.

4. Wir merken uns die Regeln zur Zusammen-/
Getrenntschreibung und zur Groß-/Kleinschreibung!

Bei diesem Thema geht es auch darum, richtig zu schreiben.
Übungen dazu finden wir zum Beispiel in unserem Sprachbuch.

© Verlag an der Ruhr | Autorin: Mechtild Pesch-Beulmann | Illustrationen: © Anja Boretzki (Kuchen, Ohr), © Mik Schulz (Kiste) | ISBN 978-3-8346-3698-0 | www.verlagruhr.de

Wir hören! – Lange Vokale

Es gibt vier Möglichkeiten, Vokale lang zu schreiben:

1. Möglichkeit: Dehnungs-h

Merke	Beispiele
• Das Dehnungs-h steht immer **hinter dem Vokal**, den es lang macht.	
• Man kann es **nicht hören**.	der Zahn
• Es geht fast nie verloren, wenn es im **Wortstamm** steht.	fahren, sie fährt, die Fahrt
• Mit **ih** gibt es nur diese Wörter: ihm, ihn, ihnen, ihr	

2. Möglichkeit: Vokalverdopplung

Merke	Beispiele
• Zu den Doppelvokalen zählen: **aa, ee, oo**.	
• Es gibt **kein uu** und **kein ii**.	
• Es gibt nur **wenige Wörter**, die mit Doppelvokal geschrieben werden.	das Haar, der See, das Boot

3. Möglichkeit: ie

Merke	Beispiele
• Es gibt kein ii. Deshalb schreiben wir das **lange i** meist als **ie**.	fliegen, der Spiegel

4. Möglichkeit: lange Vokale ohne Dehnungszeichen

Merke	Beispiele
• Manche Wörter schreibt man **ohne Dehnungszeichen**, obwohl der Vokal lang klingt.	der Schaden, die Schere, der Tiger, die Maschine, holen, die Schule

© Verlag an der Ruhr | Autorin: Mechtild Pesch-Beulmann | Illustrationen: © Anja Boretzki (Zahn), © Norbert Höveler (Schiff) | ISBN 978-3-8346-3698-0 | www.verlagruhr.de

Wir hören! – Kurze Vokale

Hinter kurzen Vokalen stehen oft **Doppelkonsonanten.**

1. Wir überlegen, welche Doppelkonsonanten es gibt und wie sie geschrieben werden.
2. Zu einigen **Doppelkonsonanten (bb, dd, gg)** gibt es nur wenige Wörter. Diese Wörter lernen wir **auswendig**.
3. **Die Wörter mit den übrigen Doppelkonsonanten üben** wir (ff, ll, mm, nn, pp, rr, ss, tt, ck, tz).

Buchstabe	Doppelkonsonant	Auswendiglernen	Üben
b	bb	X	
c	———	———	———
d	dd	X	
f	**ff**		X
g	gg	X	
h	———	———	———
j	———	———	———
k	**ck**		X
l	**ll**		X
m	**mm**		X
n	**nn**		X
p	**pp**		X
q	———	———	———
r	**rr**		X
s	**ss**		X
t	**tt**		X
v	———	———	———
w	———	———	———
x	———	———	———
y	———	———	———
z	**tz**		X

© Verlag an der Ruhr | Autorin: Mechtild Pesch-Beulmann | Illustration: © Norbert Höveler | ISBN 978-3-8346-3698-0 | www.verlagruhr.de

Wir können nicht alles sofort hören! – Gleich klingende Laute am Wortende

Die Endungen d/t, g/k und b/p klingen oft gleich.
Mit dem richtigen **Werkzeug** kannst du heraushören,
auf welchen Laut ein Wort endet.

Wortart	Buchstabe	Beispiel	Werkzeug	
Nomen	d/t	das Pfer**d** der Hu**t**	**Mehrzahl bilden**	die Pfer**d**e die Hü**t**e
	g/k	der Ber**g** der Schran**k**		die Ber**g**e die Schrän**k**e
	b/p	der Kor**b** der Ty**p**		die Kör**b**e die Ty**p**en
Verb	d/t	Verben in der 3. Person Singular enden fast immer auf **t**: er sag**t**, sie lies**t** Ausnahme: er wir**d**.	**Grundform/ Vergangenheit bilden**	wer**d**en, er wur**d**e
Adjektiv	d/t	wil**d** al**t**	**Adjektive steigern oder verlängern**	wil**d**er, wil**d**e äl**t**er, al**t**e
	g/k	klu**g** star**k**		klü**g**er, klu**g**e stär**k**er, star**k**e
	b/p	lie**b** plum**p**		lie**b**er, lie**b**e plum**p**er, plum**p**e

Wir können nicht alles sofort hören! – Gleich klingende Laute in der Wortmitte

Bei manchen Wörtern stehen **d/t, g/k und b/p** **in der Wortmitte**. Mit dem richtigen **Werkzeug** kannst du heraushören, um welchen Buchstaben es sich handelt.

Wortart	Buchstabe	Beispiel	Werkzeug	
Nomen	d/t	der Bin**d**faden das Nach**t**hemd	Grundwort finden und verlängern	bin**d**en die Näch**t**e
	g/k	die Ber**g**spitze die Schran**k**tür		die Ber**g**e die Schrän**k**e
	b/p	die Schu**b**lade das Sto**pp**schild		schie**b**en sto**pp**en
Verb	g/k	sie sa**g**t er mer**k**t	Grundform bilden	sa**g**en mer**k**en
	b/p	sie le**b**t er hu**p**t		le**b**en hu**p**en
Adjektiv	d/t	bil**d**schön furch**t**sam	Grundwort finden und verlängern	die Bil**d**er fürch**t**en
	g/k	lan**g**weilig dan**k**bar		län**g**er dan**k**en
	b	stau**b**trocken		stau**b**ig

© Verlag an der Ruhr | Autorin: Mechtild Pesch-Beulmann | Illustrationen: © Norbert Höveler | ISBN 978-3-8346-3698-0 | www.verlagruhr.de

Wir können nicht alles sofort hören! – ä/e und äu/eu

Ä und **e** klingen oft **ähnlich**. **Äu** und **eu** klingen **genau gleich**.
Mit dem richtigen **Werkzeug** kannst du heraushören,
um welchen Buchstaben es sich handelt. Suche hierzu
nach den **Wortverwandten mit a und au**.

Wort	verwandtes Wort mit a oder au
träumen	der Traum
kräftig	die Kraft
die Äpfel	der Apfel
sie fährt	fahren
läuten	laut
die Leute	--------
die Eule	--------

Wenn du **keine Wortverwandten mit a und au** finden kannst,
schreibst du das Wort meistens mit **e oder eu**. Es gibt aber auch
Ausnahmen, bei denen es keine Wortverwandten mit a und au
gibt oder bei denen die Verwandtschaft ganz weit entfernt ist.
Diese Wörter musst du auswendig lernen, zum Beispiel:

Lernwörter mit ä
der Bär
das Mädchen
das Märchen
der Käfer

Lernwörter mit äu
die Säule
das Knäuel
sich räuspern
sich sträuben

© Verlag an der Ruhr | Autorin: Mechtild Pesch-Beulmann | Illustrationen: © Norbert Höveler | ISBN 978-3-8346-3698-0 | www.verlagruhr.de

Wir können nicht alles hören!

Nicht immer funktionieren die Werkzeuge.
Manche Wörter, die **gleich klingende Laute** haben,
müssen wir einfach auswendig lernen.

Wörter mit …	gleich klingende Laute	Beispiele
V/v	F/f	**V**ogel E**v**a
	W/w	**V**ulkan Ad**v**ent
X/x, ks und chs	Diese drei Laute klingen gleich.	He**x**e
		lin**ks**
		Fu**chs**

© Verlag an der Ruhr | Autorin: Mechtild Pesch-Beutmann | Illustrationen: © Norbert Höveler | ISBN 978-3-8346-3698-0 | www.verlagruhr.de

Arbeits-Pass

Übungsheft	Bereich	Thema	erledigt
1	lange Vokale	Dehnungs-h	
2	lange Vokale	Doppelvokal	
3	lange Vokale	ie	
4	lange Vokale	lang gesprochener Vokal	
5	kurze Vokale	bb, dd und gg	
6	kurze Vokale	ff	
7	kurze Vokale	ll	
8	kurze Vokale	mm	
9	kurze Vokale	nn	
10	kurze Vokale	pp	
11	kurze Vokale	rr	
12	kurze Vokale	tt	
13	kurze Vokale	ck	
14	kurze Vokale	tz	
15	gleich klingende Laute	s, ss und ß	
16	gleich klingende Laute am Wortende und in der Wortmitte	d und t	
17	gleich klingende Laute am Wortende und in der Wortmitte	g und k	
18	gleich klingende Laute am Wortende und in der Wortmitte	b und p	
19	gleich und ähnlich klingende Laute	äu/eu und ä/e	
20	gleich klingende Laute	V/v	
21	gleich klingende Laute	x und chs	

© Verlag an der Ruhr | Autorin: Mechtild Pesch-Beulmann | ISBN 978-3-8346-3698-0 | www.verlagruhr.de

Rechtschreibung verstehen und system tisch üben **15**

Übungshefte

Wir hören!

Wörterliste 1/2

Markiere Nomen gelb und Verben rot.

ähnlich	Fahrrad	ihm
Bahn	fehlen	ihn
befehlen	Fehler	ihnen
berühren	Fohlen	ihr
Bohne	fühlen	Jahr
bohren	führen	Kohle
Bühne	Frühling	kühl
ehrlich	gewöhnlich	Lehrer
erzählen	Hahn	Lohn
Fahne	Höhle	Mähne
fahren	Huhn	Mehl

© Verlag an der Ruhr | Autorin: Mechtild Pesch-Beutmann | ISBN 978-3-8346-3698-0 | www.verlagruhr.de

---

Übungsheft 1:

Wörter mit Dehnungs-h

Arbeitsblatt	erledigt	kontrolliert
Wörterliste (1–2)		
Nomen in die Mehrzahl setzen (1–2)		
Verben in die Du-Form setzen		
Wörter mehrmals schreiben		
Beispielwörter finden		
Verben in die Er-/Sie-/Es-Form setzen		
Wörter verbessern		

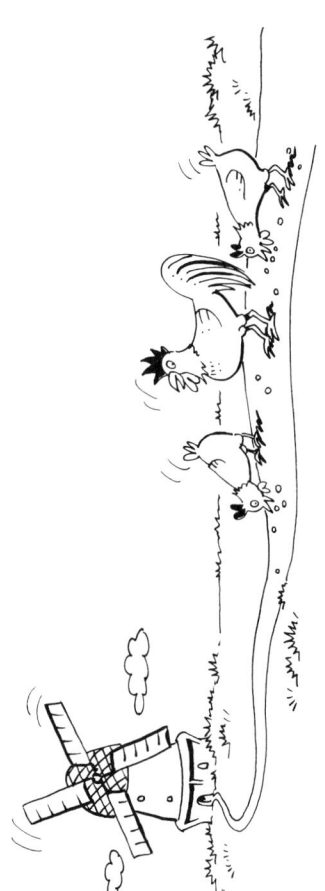

© Verlag an der Ruhr | Autorin: Mechtild Pesch-Beutmann | Illustration: © Norbert Höveler | ISBN 978-3-8346-3698-0 | www.verlagruhr.de

Wir hören!

Wörterliste 2/2

Markiere Nomen gelb und Verben rot.

mehr	sehr
Möhre	während
Mühle	Wahrheit
nehmen	wohnen
ohne	Zahl
Ohr	zählen
Rohr	zahm
rühren	Zahn
Sahne	zehn

© Verlag an der Ruhr | Autorin: Mechtild Pesch-Beutmann | Illustration: © Norbert Höveler | ISBN 978-3-8346-3698-0 | www.verlagruhr.de

---

Wir hören!

Nomen in die Mehrzahl setzen 1/2

Schreibe hier alle Nomen von der Wörterliste auf.
Bilde die Mehrzahl.

Einzahl	Mehrzahl (falls möglich)
die Bahn	die Bahnen

© Verlag an der Ruhr | Autorin: Mechtild Pesch-Beutmann | ISBN 978-3-8346-3698-0 | www.verlagruhr.de

19

Wir hören!

Verben in die Du-Form setzen

**Schreibe hier alle Verben von der Wörterliste auf.
Bilde die Du-Form.**

Grundform	Du-Form
befehlen	du befiehlst

© Verlag an der Ruhr | Autorin: Mechtild Pesch-Beutmann | ISBN 978-3-8346-3698-0 | www.verlagruhr.de

---

Wir hören!

Nomen in die Mehrzahl setzen 2/2

**Schreibe hier alle Nomen von der Wörterliste auf.
Bilde die Mehrzahl.**

Einzahl	Mehrzahl (falls möglich)

© Verlag an der Ruhr | Autorin: Mechtild Pesch-Beutmann | ISBN 978-3-8346-3698-0 | www.verlagruhr.de

8/10

Wir hören!

Beispielwörter finden

Finde zu jeder Schreibweise 3 Beispielwörter.
Tipp: Nimm die Wörterliste zu Hilfe.

ah: ....

äh: ....

eh: ....

oh: ....

öh: ....

uh: ....

üh: ....

ih: Hier gibt es nur wenige Wörter. Schreibe sie auf.

7/10

Wir hören!

Wörter mehrmals schreiben

Schreibe hier alle restlichen Wörter der Wörterliste 3-mal auf.

ähnlich – ähnlich – ähnlich

....

....

....

....

....

....

....

....

....

10/10

Wir hören!

Wörter verbessern

In diesen Wörtern fehlt das Dehnungs-h. Markiere die Fehlerstelle und schreibe das Wort richtig auf.

f a r e n

o n e

s e r

J a r

w o n e n

m e r

O r

z ä l e n

Z a l

n e m e n

F e l e r

f ü l e n

F r ü l i n g

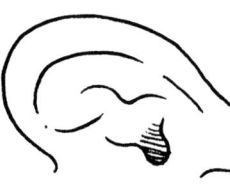

© Verlag an der Ruhr | Autorin: Mechtild Pesch-Beutmann | Illustration: © Norbert Hoveler | ISBN 978-3-8346-3698-0 | www.verlagruhr.de

---

9/10

Wir hören!

Verben in die Er-/Sie-/Es-Form setzen

Schreibe die Verben in der richtigen Form.

führen	Anja _____ den Hund aus.
zählen	Der Verkäufer _____ das Geld.
wählen	Sie _____ ein Buch aus.
berühren	Er _____ seine Nase.
erzählen	Oma _____ eine Geschichte.
wohnen	Mia _____ in Ulm.
bohren	Paul _____ ein Loch.
fahren	Das Auto _____ schnell.
fehlen	Mir _____ ein Blatt.
fühlen	Opa _____ sich gut.
stöhnen	Er _____ vor Schmerz.
rühren	Das Kind _____ den Teig.

© Verlag an der Ruhr | Autorin: Mechtild Pesch-Beutmann | Illustrationen: © Norbert Hoveler | ISBN 978-3-8346-3698-0 | www.verlagruhr.de

Wir hören!

Wörterliste

Schreibe die Wörter ab und merke sie dir gut.

Wörter mit aa:

der Aal	das Paar	die Saat
das Aas	paar	der Staat
die Haare	der Saal	die Waage

Wörter mit ee:

die Beere	der Klee	der See
das Beet	leer	die Seele
die Fee	das Meer	der Speer
die Idee	die Moschee	der Tee
der Kaffee	der Schnee	der Teer

Wörter mit oo:

das Boot	das Moor	der Zoo
doof	das Moos	

Mit **ii** und **uu** gibt es keine Wörter.

Übungsheft 2:

Wörter mit Doppelvokalen

Arbeitsblatt	erledigt	kontrolliert
Wörterliste		
Suchsel		
Wörterrätsel		

Wir hören!

Wörterrätsel

Finde die passenden Wörter mit aa, ee, oo.

Tipp: Nimm die Wörterliste zu Hilfe.

Gewichtsanzeige: ....

Märchenfigur: ....

Gegenteil von voll: ....

Getränk aus Kräutern: ....

Fahrzeug auf dem Wasser: ....

großes Gewässer: ....

noch größeres Gewässer: ....

das ... Schuhe: ....

Frucht: ....

Einfall: ....

muslimisches Gebetshaus: ....

Lösung: der Tee, die Waage, leer, der See, das Paar, das Meer, die Fee, das Boot, die Beere, die Idee, die Moschee

© Verlag an der Ruhr | Autorin: Mechtild Pesch-Beutmann | Illustration: © Norbert Höveler | ISBN 978-3-8346-3698-0 | www.verlagruhr.de

---

Wir hören!

Suchsel

Markiere die 18 Wörter mit Doppelvokal.

A	T	Y	Z	X	H	A	L	E	T	E	E	R	Q
A	N	H	A	A	R	E	A	P	U	F	H	G	H
S	J	P	L	K	W	S	E	O	S	P	E	E	R
U	C	R	K	S	A	L	A	A	O	X	R	B	H
L	H	E	F	K	D	C	C	B	X	S	P	S	L
D	P	A	R	B	S	F	K	S	T	A	A	T	K
Z	W	W	L	S	J	G	O	W	M	M	F	S	K
Z	R	S	E	E	L	E	Y	U	K	L	E	E	V
O	N	D	K	M	G	T	P	F	C	L	T	A	Y
O	L	A	L	S	D	D	O	O	F	E	M	R	C
D	X	S	U	M	I	B	D	M	G	C	D	O	C
S	M	Z	F	E	S	C	H	N	E	E	H	O	H
T	O	B	S	T	D	S	Z	U	J	P	U	S	N
Z	O	G	A	R	Z	B	E	E	T	B	G	S	G
N	R	S	A	Y	V	P	Y	D	M	W	L	H	K
U	P	F	T	D	C	W	K	A	F	F	E	E	G

Lösung: Aas, Haare, Teer, Speer, Saal, Paar, Staat, Zoo, Seele, Klee, Aal, doof, Moos, Schnee, Moor, Saat, Beet, Kaffee

© Verlag an der Ruhr | Autorin: Mechtild Pesch-Beutmann | ISBN 978-3-8346-3698-0 | www.verlagruhr.de

Wir hören!

Wörterliste 1/2

Markiere Nomen gelb und Verben rot.

Biene	fliegen	Krieg
Brief	fliehen	Liebe
die	fließen	lieben
Dieb	Frieden	Lied
Diele	frieren	Miete
Dienst	gießen	nie
Dienstag	hier	niemals
diese	Kiefer	niemand
Fieber	Knie	Papier
Fliege	kriechen	riechen

Übungsheft 3:

Wörter mit ie

Arbeitsblatt	erledigt	kontrolliert
Wörterliste (1–2)		
Nomen in die Mehrzahl setzen (1–2)		
Verben in die Du-Form setzen		
Wörter mehrmals schreiben		
Wörter mit ie finden		
Verben mit ie bilden		
i und ie unterscheiden		

Wir hören!

Nomen in die Mehrzahl setzen 1/2

Schreibe hier alle Nomen von der Wörterliste auf. Bilde die Mehrzahl.

Einzahl	Mehrzahl (falls möglich)
die Biene	die Bienen

© Verlag an der Ruhr | Autorin: Mechtild Pesch-Beutmann | ISBN 978-3-8346-3698-0 | www.verlagruhr.de

26

Wir hören!

Wörterliste 2/2

Markiere Nomen gelb und Verben rot.

Riese	Stiel	wie
schieben	Stier	wieder
Schiene	tief	Wiege
Schmied	Tier	Wiese
sie	verbieten	Ziege
Sieb	verlieben	ziehen
siegen	verlieren	Ziel
Spiegel	viel	ziemlich
spielen	vielleicht	zufrieden
Stiefel	vier	Zwiebel

© Verlag an der Ruhr | Autorin: Mechtild Pesch-Beutmann | ISBN 978-3-8346-3698-0 | www.verlagruhr.de

Wir hören!

Verben in die Du-Form setzen

Schreibe hier alle Verben von der Wörterliste auf. Bilde die Du-Form.

Grundform	Du-Form
fliegen	du fliegst

© Verlag an der Ruhr | Autorin: Mechtild Pesch-Beutmann | ISBN 978-3-8346-3698-0 | www.verlagruhr.de

---

Wir hören!

Nomen in die Mehrzahl setzen 2/2

Schreibe hier alle Nomen von der Wörterliste auf. Bilde die Mehrzahl.

Einzahl	Mehrzahl (falls möglich)

© Verlag an der Ruhr | Autorin: Mechtild Pesch-Beutmann | ISBN 978-3-8346-3698-0 | www.verlagruhr.de

Wir hören!

Wörter mit ie finden

Markiere alle Wörter mit ie.

gleich – sieben – zierlich – streicheln – Kiefer – eilig –

pfeifen – verlieren – Spiegel – schreiben – Zeit – reich –

siebzig – fielen – dreißig – einzig – Ziel – zufrieden – Brief –

Eisen – Leiter – schrieb – Zwiebel – weiß – verreisen –

bedienen – fiebrig – schweigen – schmierig – vielleicht –

marschieren – tief – Lied – Leid – Reis – speisen – niedrig –

bei – allein – Glied – ziemlich – verbiegen – eisig – sie –

rief – Fleisch – beide – leider – Heizung – seit – wie – viel –

weich – reißen – Reise – niemand – nie – Ziege – liegen

© Verlag an der Ruhr | Autorin: Mechtild Pesch-Beutmann | Illustration: © Norbert Höveler | ISBN 978-3-8346-3698-0 | www.verlagruhr.de

28

Wir hören!

Wörter mehrmals schreiben

Schreibe hier alle restlichen Wörter der Wörterliste 3-mal auf.

die – die – die

© Verlag an der Ruhr | Autorin: Mechtild Pesch-Beutmann | ISBN 978-3-8346-3698-0 | www.verlagruhr.de

Wir hören!

i und ie unterscheiden

Setze ein: i oder ie.

Tipp: Nimm die Wörterliste zu Hilfe.

fr____ren   verb____ten

v____lleicht   r____chen

tr____nken   der H____mmel

der St____ft   best____mmt

das Sp____lzeug   das T____r

sp____tz   das Pap____r

die Fl____ge   s____gen

z____hen   r____cht____g

der Br____f   verm____ssen

die L____ppe   der Fr____den

b____tte   verl____ben

© Verlag an der Ruhr | Autorin: Mechtild Pesch-Beutmann | Illustration: © Norbert Hoveler | ISBN 978-3-8346-3698-0 | www.verlagruhr.de

---

Wir hören!

Verben mit ie bilden

Bilde aus diesen Nomen Verben mit ie.

Nomen	Verb
die Probe	probieren
das Diktat	
die Kasse	
der Buchstabe	
das Telefon	
das Interesse	
die Notiz	
die Kontrolle	
der Transport	
die Kritik	
das Programm	
der Respekt	
der Verlust	

© Verlag an der Ruhr | Autorin: Mechtild Pesch-Beutmann | Illustration: © Norbert Hoveler | ISBN 978-3-8346-3698-0 | www.verlagruhr.de

Wir hören!

Wörterliste – lang gesprochenes a

**Lass dir die Wörter diktieren.
Übe die falsch geschriebenen.**

das Gas	raten
graben	schaden
ich kam	die Schale
klar	schmal
der Kran	der Schwan
malen	sparen
der Maler	der Tag
der Name	das Tal
der Pelikan	der Wagen
der Plan	der Wal
die Qual	die Ware

Übungsheft 4:

Wörter mit lang gesprochenen Vokalen

Die Wörter in diesem Übungsheft
haben alle lange Vokale und
werden lautgetreu geschrieben.
Sie werden hier geübt, weil viele
Menschen bei diesen Wörtern gern ein
Dehnungs-h einfügen oder das i als ie
schreiben möchten.

Arbeitsblatt	erledigt	kontrolliert
Wörterliste – a		
Wörterliste – ä		
Wörterliste – e		
Wörterliste – i		
Wörterliste – ine		
Wörterliste – o/ö		
Wörterliste – u/ü		

Wir hören!

Wörterliste – lang gesprochenes e

Lass dir die Wörter diktieren.
Übe die falsch geschriebenen.

bequem	das Kamel
beten	lesen
dem	reden
den	der Regen
denen	die Schere
fegen	schweben
geben	der Segen
das Gebet	weben
die Hefe	wem
der Herd	wen
jemand	wer

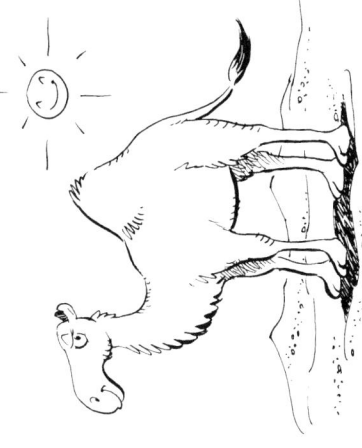

© Verlag an der Ruhr | Autorin: Mechtild Pesch-Beulmann | Illustration: © Norbert Hoveler | ISBN 978-3-8346-3698-0 | www.verlagruhr.de

---

Wir hören!

Wörterliste – lang gesprochenes ä

Lass dir die Wörter diktieren.
Übe die falsch geschriebenen.

der Bär	das Rätsel
erklären	sägen
das Gerät	der Schäfer
die Läden	schälen
der Lärm	schämen
nämlich	die Späne
quälen	spät

© Verlag an der Ruhr | Autorin: Mechtild Pesch-Beulmann | Illustration: © Norbert Hoveler | ISBN 978-3-8346-3698-0 | www.verlagruhr.de

Wir hören!

6/8

Wörterliste – Wörter mit -ine am Ende

Lass dir die Wörter diktieren.
Übe die falsch geschriebenen.

die Apfelsine	die Mandarine
die Bleistiftmine	die Margarine
die Gardine	die Maschine
die Goldmine	die Nektarine
die Kabine	die Praline
die Kantine	die Rosine
die Kusine	die Turbine
die Lawine	die Violine

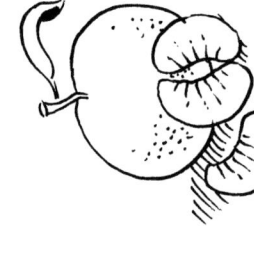

© Verlag an der Ruhr | Autorin: Mechtild Pesch-Beutmann | Illustration: © Norbert Hoveler | ISBN 978-3-8346-3698-0 | www.verlagruhr.de

---

Wir hören!

5/8

Wörterliste – lang gesprochenes i

Lass dir die Wörter diktieren.
Übe die falsch geschriebenen.

das Augenlid	das Kino
die Bibel	das Klima
der Biber	die Linie
dir	der Liter
die Familie	mir
die Fibel	die Musik
die Giraffe	prima
der Igel	die Primel
der Kamin	der Termin
das Kaninchen	der Tiger
das Kilo	wir

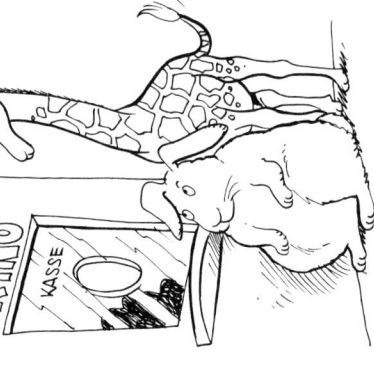

© Verlag an der Ruhr | Autorin: Mechtild Pesch-Beutmann | Illustration: © Norbert Hoveler | ISBN 978-3-8346-3698-0 | www.verlagruhr.de

8/8

Wir hören!

Wörterliste – lang gesprochenes u und ü

Lass dir die Wörter diktieren.
Übe die falsch geschriebenen.

das Blut	schnüren
bügeln	die Schublade
die Flut	die Schule
für	schwül
das Gemüse	spülen
gemütlich	die Spur
grün	spüren
hupen	die Stufe
die Minute	süß
müde	die Tür
die Schnur	die Tüte

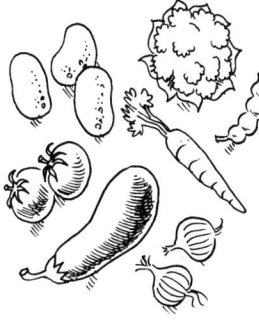

© Verlag an der Ruhr | Autorin: Mechtild Pesch-Beutmann | Illustration: © Norbert Höveler | ISBN 978-3-8346-3698-0 | www.verlagruhr.de

---

7/8

Wir hören!

Wörterliste – lang gesprochenes o und ö

Lass dir die Wörter diktieren.
Übe die falsch geschriebenen.

der Bote	persönlich
holen	der Pilot
hören	der Pol
der Knödel	schon
der König	schön
die Krone	schwören
die Kröte	stören
lösen	der Strom
die Not	der Ton
nötig	verloren
die Person	vor

© Verlag an der Ruhr | Autorin: Mechtild Pesch-Beutmann | Illustration: © Norbert Höveler | ISBN 978-3-8346-3698-0 | www.verlagruhr.de

Wir hören!

Wörterliste

Hier gibt es nur nur wenige Wörter.
Du kannst sie leicht auswendig lernen.

Schreibe die Wörter ab und merke sie dir gut.

Wörter mit bb:

bibbern	knabbern	kribbeln
die Ebbe	die Krabbe	die Robbe
das Hobby	krabbeln	schrubben

Wörter mit dd:

addieren	das Paddel	der Teddy
buddeln	der Pudding	der Widder
knuddeln	schmuddelig	

Wörter mit gg:

der Bagger	die Flagge	schmuggeln
die Dogge	der Roggen	der Waggon

© Verlag an der Ruhr | Autorin: Mechtild Pesch-Beutmann | Illustrationen: © Norbert Höveler | ISBN 978-3-8346-3698-0 | www.verlagruhr.de

Übungsheft 5:

Wörter mit bb, dd und gg

Arbeitsblatt	erledigt	kontrolliert
Wörterliste		
Suchsel		
Wörterrätsel		
Wörter nach dem ABC ordnen		
Sätze bilden		

© Verlag an der Ruhr | Autorin: Mechtild Pesch-Beutmann | Illustration: © Norbert Höveler | ISBN 978-3-8346-3698-0 | www.verlagruhr.de

9/4

Wörterrätsel

Finde die passenden Nomen mit bb, dd, gg.

Tipp: Nimm die Wörterliste zu Hilfe.

Getreidesorte: ....

anderes Wort für Seehund: ....

Meerestier: ....

Hunderasse: ....

Sternzeichen: ....

Gegenteil von Flut: ....

Baumaschine: ....

anderes Wort für Ruder: ....

anderes Wort für Fahne: ....

Süßspeise: ....

Kuscheltier: ....

Teil vom Zug: ....

Lösung: der Bagger, der Teddy, der Roggen, die Ebbe, die Krabbe, der Widder, die Dogge, das Paddel, der Pudding, die Flagge, die Robbe, der Waggon

© Verlag an der Ruhr | Autorin: Mechtild Pesch-Beulmann | ISBN 978-3-8346-3698-0 | www.verlagruhr.de

---

3/6

Suchsel

Markiere die Verben mit bb, dd und gg.

A	E	C	D	S	C	F	W	X	Q	Q	O	Y	B
T	T	B	C	P	L	R	C	X	W	Q	S	L	W
K	Y	A	N	H	D	B	U	D	D	E	L	N	W
R	M	D	O	R	L	O	O	H	P	R	G	L	N
I	F	D	Y	U	J	K	N	U	D	D	E	L	N
B	S	I	B	B	V	G	P	O	H	F	J	U	S
B	T	E	L	B	D	E	H	O	T	A	K	K	Z
E	V	R	I	E	L	V	Y	C	T	E	Q	N	T
L	S	E	Y	N	K	E	Y	O	R	X	L	A	D
N	O	N	W	P	V	C	M	C	J	N	Z	Y	B
Q	Q	F	W	B	I	B	B	E	R	N	B	B	P
N	F	S	F	W	C	U	O	Z	R	Y	T	E	L
B	S	C	H	M	U	G	G	E	L	N	S	R	C
C	D	G	C	G	Y	N	F	L	F	B	G	N	J
P	K	R	A	B	B	E	L	N	T	S	P	Q	Q
F	N	B	B	F	O	N	U	P	O	T	L	B	R

Lösung: kribbeln, addieren, schrubben, buddeln, knuddeln, bibbern, schmuggeln, krabbeln, knabbern

© Verlag an der Ruhr | Autorin: Mechtild Pesch-Beulmann | ISBN 978-3-8346-3698-0 | www.verlagruhr.de

Wir hören!

Sätze bilden

buddeln: ....

knabbern: ....

der Bagger: ....

die Robbe: ....

krabbeln: ....

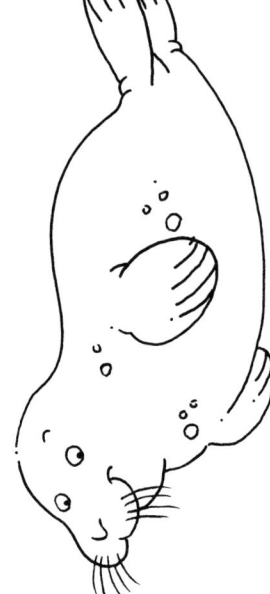

© Verlag an der Ruhr | Autorin: Mechtild Pesch-Beutmann | Illustration: © Norbert Höveler | ISBN 978-3-8346-3698-0 | www.verlagruhr.de

---

Wir hören!

Wörter nach dem ABC ordnen

Ordne die Wörter nach dem ABC. Schreibe auf.

Ebbe – Robbe – addieren – schmuddelig – krabbeln – schmuggeln – Paddel – Flagge – Bagger – schrubben – kribbeln – knuddeln – bibbern – knabbern – Krabbe – Widder – Hobby – Dogge – Roggen – Pudding

1. ....

2. ....

3. ....

4. ....

5. ....

6. ....

7. ....

8. ....

9. ....

10. ....

11. ....

12. ....

13. ....

14. ....

15. ....

16. ....

17. ....

18. ....

19. ....

20. ....

© Verlag an der Ruhr | Autorin: Mechtild Pesch-Beutmann | Illustration: © Norbert Höveler | ISBN 978-3-8346-3698-0 | www.verlagruhr.de

Wir hören!

Wörterliste

Markiere alle Nomen gelb.

Affe	kläffen
Auspuff	Koffer
büffeln	Löffel
Giraffe	offen
Griff	Pantoffel
hoffen	Pfiff
hoffentlich	schaffen
Kaffee	Schiff
Kartoffel	schlaff

Stoff
straff
treffen
verblüffen
Waffe
Waffel
Ziffer

Übungsheft 6:

Wörter mit ff

Arbeitsblatt	erledigt	kontrolliert
Wörterliste		
Nomen in die Mehrzahl setzen		
Wörter mehrmals schreiben		
Beispielwörter finden		
f und ff unterscheiden		

Wir hören!

Wörter mehrmals schreiben

Schreibe hier alle restlichen Wörter der Wörterliste 3-mal auf.

büffeln – büffeln – büffeln

Wir hören!

Nomen in die Mehrzahl setzen

Schreibe hier alle Nomen von der Wörterliste auf. Bilde die Mehrzahl.

Einzahl	Mehrzahl (falls möglich)
der Affe	die Affen

Wir hören!

f und ff unterscheiden

Setze ein: f oder ff.
Tipp: Schaue in die Wörterliste und denke an die Regel.

nach kurzem Vokal:
2 gleiche Konsonanten oder
2 verschiedene Konsonanten

nach langem Vokal oder Konsonant:
nur 1 Konsonant

das He......t

der Sti......t

ho......en

die Ka......eetasse

die Karto......el

der Ho......

der Suppenlö......el

o......en

das Geschä......t

der Pfi......

das Scha......

schie......

der Sto......

die Schri......t

39

Wir hören!

Beispielwörter finden

Finde zu jeder Schreibweise 3 Beispielwörter.
Tipp: Nimm die Wörterliste zu Hilfe.

aff/äff: ....

eff: ....

iff: ....

off/öff: ....

uff/üff: ....

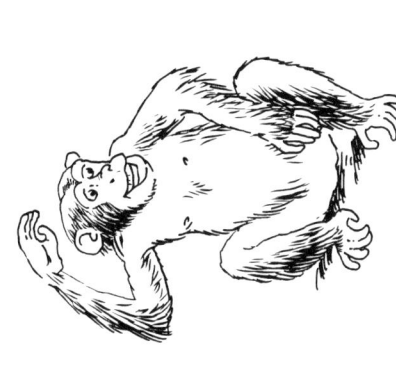

Wir hören!

Wörterliste 1/2

Markiere Nomen gelb und Verben rot.

alle	fallen	Kralle
allein	Fell	kullern
alles	füllen	Metall
anschnallen	Füller	Millimeter
Ball	grillen	Million
bellen	Halle	mollig
bestellen	hell	Müll
billig	Hülle	Müller
Brille	Keller	null
brüllen	knallen	prellen
drollig	Knolle	Qualle

© Verlag an der Ruhr | Autorin: Mechtild Pesch-Beutmann | ISBN 978-3-8346-3698-0 | www.verlagruhr.de

---

Übungsheft 7:

Wörter mit ll

Arbeitsblatt	erledigt	kontrolliert
Wörterliste (1–2)		
Nomen in die Mehrzahl setzen (1–2)		
Verben in die Du-Form setzen		
Wörter mehrmals schreiben		
Beispielwörter finden		
l und ll unterscheiden (1–2)		

Wau, wau!

© Verlag an der Ruhr | Autorin: Mechtild Pesch-Beutmann | Illustrationen: © Norbert Höveler | ISBN 978-3-8346-3698-0 | www.verlagruhr.de

Nomen in die Mehrzahl setzen 1/2

Schreibe hier alle Nomen von der Wörterliste auf. Bilde die Mehrzahl.

Einzahl	Mehrzahl (falls möglich)
der Ball	die Bälle

Wörterliste 2/2

Markiere Nomen gelb und Verben rot.

Quelle	voll
	völlig
Rille	Welle
Rolle	Wolle
rollen	wollen
Schall	Zelle
schellen	Zufall
schnell	Zwilling
sollen	
Stall	
Stelle	
still	
Tabelle	
Teller	
toll	
trällern	
Unfall	

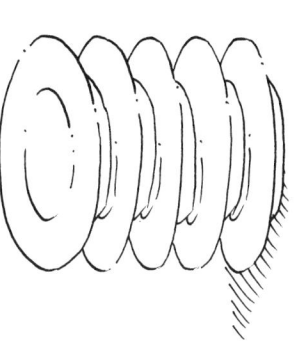

Wir hören!

Verben in die Du-Form setzen

Schreibe hier alle Verben von der Wörterliste auf. Bilde die Du-Form.

Grundform	Du-Form
anschnallen	du schnallst an

© Verlag an der Ruhr | Autorin: Mechtild Pesch-Beutmann | ISBN 978-3-8346-3698-0 | www.verlagruhr.de

---

Wir hören!

Nomen in die Mehrzahl setzen 2/2

Schreibe hier alle Nomen von der Wörterliste auf. Bilde die Mehrzahl.

Einzahl	Mehrzahl (falls möglich)

© Verlag an der Ruhr | Autorin: Mechtild Pesch-Beutmann | ISBN 978-3-8346-3698-0 | www.verlagruhr.de

Wir hören!

Beispielwörter finden

Finde zu jeder Schreibweise 3 Beispielwörter.
Tipp: Nimm die Wörterliste zu Hilfe.

all/äll: ....

ell: ....

ill: ....

oll/öll: ....

ull/üll: ....

© Verlag an der Ruhr | Autorin: Mechtild Pesch-Beutmann | Illustration: © Norbert Höveler | ISBN 978-3-8346-3698-0 | www.verlagruhr.de

---

Wir hören!

Wörter mehrmals schreiben

Schreibe hier alle restlichen Wörter der Wörterliste 3-mal auf.

alle – alle – alle

© Verlag an der Ruhr | Autorin: Mechtild Pesch-Beutmann | Illustration: © Norbert Höveler | ISBN 978-3-8346-3698-0 | www.verlagruhr.de

Wir hören!

l und ll unterscheiden 2/2

Setze ein: l oder ll.

der A……arm	vie……
die Schwe……e	der Stuh……
das Meh……	der Qua……m
das Meta……	der Sa……at
die Kra……e	wäh……en
das Ba……spiel	a……so
das Welta……	küh……
der Mü……eimer	schne……
der Saa……	das Gefüh……
ho……en	die See……e
der Aa……	die Zah……

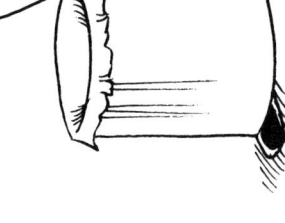

© Verlag an der Ruhr | Autorin: Mechtild Pesch-Beutmann | Illustration: © Norbert Höveler | ISBN 978-3-8346-3698-0 | www.verlagruhr.de

---

Wir hören!

l und ll unterscheiden 1/2

Setze ein: l oder ll.
Tipp: Schaue in die Wörterliste und denke an die Regel.

nach kurzem Vokal:
2 gleiche Konsonanten oder
2 verschiedene Konsonanten

nach langem Vokal oder Konsonant:
nur 1 Konsonant

der Sta……	be……en
me……den	der Unfa……
das Ge……d	der Fi……ter
vo……	der Einfa……
ba……d	a……t
die Pa……me	das Fe……d
sti……	se……tsam

© Verlag an der Ruhr | Autorin: Mechtild Pesch-Beutmann | Illustration: © Norbert Höveler | ISBN 978-3-8346-3698-0 | www.verlagruhr.de

Wir hören!

Wörterliste

Markiere alle Nomen gelb.

bestimmen	immer	Programm
bimmeln	jammern	sammeln
brummen	Kamm	Schlamm
Damm	Kammer	schlimm
dumm	Klammer	Schwamm
Flamme	klemmen	schwimmen
Gramm	Komma	Sommer
Grammatik	kommen	Stamm
Gummi	kümmern	Stimme
Hammer	Lamm	stumm
Himmel	Nummer	Summe
Hummel	Pommes	Zimmer

Übungsheft 8:

Wörter mit mm

Arbeitsblatt	erledigt	kontrolliert
Wörterliste		
Nomen in die Mehrzahl setzen (1–2)		
Wörter mehrmals schreiben		
Beispielwörter finden		
m und mm unterscheiden (1–2)		

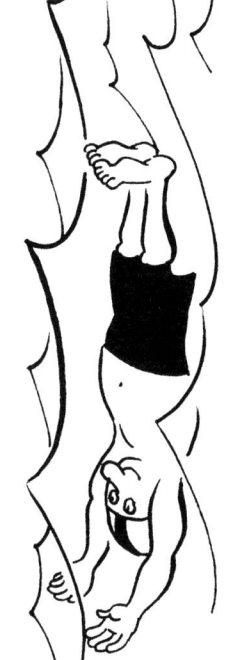

Wir hören!

Nomen in die Mehrzahl setzen 1/2

Schreibe hier alle Nomen von der Wörterliste auf.
Bilde die Mehrzahl.

Einzahl	Mehrzahl (falls möglich)
der Damm	die Dämme

Wir hören!

Nomen in die Mehrzahl setzen 2/2

Schreibe hier alle Nomen von der Wörterliste auf.
Bilde die Mehrzahl.

Einzahl	Mehrzahl (falls möglich)

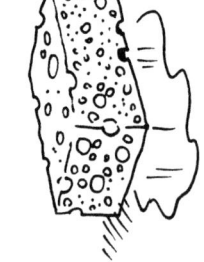

Wir hören!

Beispielwörter finden

Finde zu jeder Schreibweise 3 Beispielwörter.
Tipp: Nimm die Wörterliste zu Hilfe.

amm:

imm:

omm:

umm:

© Verlag an der Ruhr | Autorin: Mechtild Pesch-Beutlmann | Illustration: © Norbert Höveler | ISBN 978-3-8346-3698-0 | www.verlagruhr.de

---

Wir hören!

Wörter mehrmals schreiben

Schreibe hier alle restlichen Wörter der Wörterliste 3-mal auf.

bestimmen – bestimmen – bestimmen

© Verlag an der Ruhr | Autorin: Mechtild Pesch-Beutlmann | ISBN 978-3-8346-3698-0 | www.verlagruhr.de

Wir hören!

m und mm unterscheiden 2/2

Setze ein: m oder mm.

der Ar........   träu........en

der Rau........   der Stur........

der Hel........lich   das Gu........i

hei........lich   die Nu........er

der Hi........el   pri........a

hu........peln   ih........

der Ste........pel   die Wär........e

die O........a   das Ko........a

die A........pel   das Gra........

der Wur........   de........

der Na........e   war........

© Verlag an der Ruhr | Autorin: Mechtild Pesch-Beutmann | Illustration: © Norbert Höveler | ISBN 978-3-8346-3698-0 | www.verlagruhr.de

---

Wir hören!

m und mm unterscheiden 1/2

Setze ein: m oder mm.
Tipp: Schaue in die Wörterliste und denke an die Regel.

nach kurzem Vokal:
2 gleiche Konsonanten oder
2 verschiedene Konsonanten
nach langem Vokal oder Konsonant:
nur 1 Konsonant
nach au, ei, äu und eu:
nur 1 Konsonant

ko........en   i........er

die La........pe   die Su........e

der Ka........   we........

das Progra........   zusa........en

besti........en   die Bre........se

der Stro........   das Zi........er

das He........d   der Ei........er

zie........lich   neh........en

der Bau........   die Da........e

© Verlag an der Ruhr | Autorin: Mechtild Pesch-Beutmann | Illustration: © Norbert Höveler | ISBN 978-3-8346-3698-0 | www.verlagruhr.de

Wir hören!

Wörterliste

Markiere Nomen gelb und Verben rot.

beginnen	innen	Sinn
brennen	Kanne	Sonne
Brunnen	kennen	spannen
dann	Kinn	Spinne
denn	können	spinnen
donnern	Mann	Tanne
Donnerstag	nennen	Tonne
dünn	Panne	trennen
erinnern	Pfanne	wann
gewinnen	rennen	Wanne
Henne	rinnen	wenn

© Verlag an der Ruhr | Autorin: Mechtild Pesch-Beutmann | ISBN 978-3-8346-3698-0 | www.verlagruhr.de

Übungsheft 9:

Wörter mit nn

Arbeitsblatt	erledigt	kontrolliert
Wörterliste		
Nomen in die Mehrzahl setzen		
Verben in die Du-Form setzen		
Wörter mehrmals schreiben		
Beispielwörter finden		
n und nn unterscheiden (1–2)		
Wörterrätsel		

© Verlag an der Ruhr | Autorin: Mechtild Pesch-Beutmann | Illustrationen: © Norbert Höveler | ISBN 978-3-8346-3698-0 | www.verlagruhr.de

Wir hören !

Verben in die Du-Form setzen

Schreibe hier alle Verben von der Wörterliste auf. Bilde die Du-Form.

Grundform	Du-Form
beginnen	du beginnst

© Verlag an der Ruhr | Autorin: Mechtild Pesch-Beutmann | ISBN 978-3-8346-3698-0 | www.verlagruhr.de

50

Wir hören !

Nomen in die Mehrzahl setzen

Schreibe hier alle Nomen von der Wörterliste auf. Bilde die Mehrzahl.

Einzahl	Mehrzahl (falls möglich)
der Brunnen	die Brunnen

© Verlag an der Ruhr | Autorin: Mechtild Pesch-Beutmann | ISBN 978-3-8346-3698-0 | www.verlagruhr.de

Wir hören!

n und nn unterscheiden 1/2

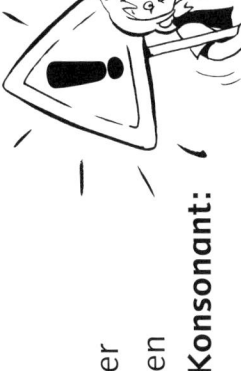

Setze ein: n oder nn.
Tipp: Schaue in die Wörterliste und denke an die Regel.

nach kurzem Vokal:
2 gleiche Konsonanten oder
2 verschiedene Konsonanten
nach langem Vokal oder Konsonant:
nur 1 Konsonant

die Wa......e   das Ki......

der Schi......ken   die Ha......d

die Ka......e   wi......ken

die Wa......d   das La......d

der Wi......d   die Ta......e

das Ri......d   der Unsi......

die He......e   die Eri......erung

die Pfa......e   die Ta......te

der Bru......en   der Ta......k

© Verlag an der Ruhr | Autorin: Mechtild Pesch-Beutmann | Illustration: © Norbert Hoveler | ISBN 978-3-8346-3698-0 | www.verlagruhr.de

---

Wir hören!

Wörter mehrmals schreiben

Schreibe hier alle restlichen Wörter der Wörterliste 3-mal auf.

dann – dann – dann

....

....

....

....

© Verlag an der Ruhr | Autorin: Mechtild Pesch-Beutmann | Illustration: © Norbert Hoveler | ISBN 978-3-8346-3698-0 | www.verlagruhr.de

Lösung: der Mann, das Kinn, der Donnerstag, die Tanne, die Spinne, der Brunnen, gewinnen, innen, die Sonne, rennen

Wörterrätsel

Finde die passenden Wörter mit nn.

Tipp: Nimm die Wörterliste zu Hilfe.

Wochentag: ....

Nadelbaum: ....

... und Frau: ....

Wasserstelle: ....

Teil vom Gesicht: ....

Tier mit 8 Beinen: ....

Himmelskörper: ....

anderes Wort für siegen: ....

Gegenteil von außen: ....

schnell laufen: ....

© Verlag an der Ruhr | Autorin: Mechtild Pesch-Beutmann | Illustration: © Norbert Höveler | ISBN 978-3-8346-3698-0 | www.verlagruhr.de

---

n und nn unterscheiden 2/2

Setze ein: n oder nn.

die Kro........e   i........en

die Maschi........e   ih........en

schö........   die Schie........e

der Soh........   die So........e

wir si........d   ih........

gewi........en   die Ba........k

das Ka........inchen   das Ki........d

wa........   der Hu........d

der Bah........hof   der Termi........

oh........e   de........ken

das Ki........o   die Woh........ung

© Verlag an der Ruhr | Autorin: Mechtild Pesch-Beutmann | Illustration: © Norbert Höveler | ISBN 978-3-8346-3698-0 | www.verlagruhr.de

Wir hören!

Wörterliste

Markiere Nomen gelb und Verben rot.

doppelt	Krippe	verdoppeln
Galopp	Lappen	schnuppern
Grippe	Lippe	stoppen
Gruppe	Mappe	struppig
hoppeln	Pappe	Suppe
Kappe	Puppe	Teppich
kippen	schippen	tippen
klappen	schleppen	Treppe
klappern	schnappen	wippen
knapp	schnippen	zappeln

© Verlag an der Ruhr | Autorin: Mechtild Pesch-Beutmann | ISBN 978-3-8346-3698-0 | www.verlagruhr.de

53

Übungsheft 10:

Wörter mit pp

Arbeitsblatt	erledigt	kontrolliert
Wörterliste		
Nomen in die Mehrzahl setzen		
Verben in die Du-Form setzen		
Wörter mehrmals schreiben		
Beispielwörter finden		
p und pp unterscheiden		

© Verlag an der Ruhr | Autorin: Mechtild Pesch-Beutmann | Illustration: © Norbert Hoveler | ISBN 978-3-8346-3698-0 | www.verlagruhr.de

Wir hören!

Verben in die Du-Form setzen

Schreibe hier alle Verben von der Wörterliste auf. Bilde die Du-Form.

Grundform	Du-Form
hoppeln	du hoppelst

© Verlag an der Ruhr | Autorin: Mechtild Pesch-Beutmann | ISBN 978-3-8346-3698-0 | www.verlagruhr.de

---

Wir hören!

Nomen in die Mehrzahl setzen

Schreibe hier alle Nomen von der Wörterliste auf. Bilde die Mehrzahl.

Einzahl	Mehrzahl (falls möglich)
der Galopp	—

© Verlag an der Ruhr | Autorin: Mechtild Pesch-Beutmann | ISBN 978-3-8346-3698-0 | www.verlagruhr.de

Wir hören!

p und pp unterscheiden

Setze ein: p oder pp.
Tipp: Schaue in die Wörterliste und denke an die Regel.

nach kurzem Vokal:
2 gleiche Konsonanten oder
2 verschiedene Konsonanten

nach langem Vokal oder Konsonant:
nur 1 Konsonant

die Tul........e   stru..........ig

do......elt   der O........a

die Am........el   die Lam........e

der Ti..........   die Schi........e

der Sto........   der Wel........e

kna..........   der Tem........el

hu........en   kna..........

die Kla........e   die Li........e

© Verlag an der Ruhr | Autorin: Mechtild Pesch-Beutmann | Illustration: © Norbert Höveler | ISBN 978-3-8346-3698-0 | www.verlagruhr.de

---

Wir hören!

Beispielwörter finden

Finde zu jeder Schreibweise 3 Beispielwörter.
Tipp: Nimm die Wörterliste zu Hilfe.

app: ....

epp: ....

ipp: ....

opp: ....

upp: ....

© Verlag an der Ruhr | Autorin: Mechtild Pesch-Beutmann | Illustration: © Norbert Höveler | ISBN 978-3-8346-3698-0 | www.verlagruhr.de

Wir hören!

Wörterliste

Markiere Nomen gelb und Verben rot.

Barren	Karre	schwirren
beharren	klirren	starr
Dürre	knurren	starren
Geschirr	Narr	Terrasse
Gitarre	Pfarrer	verdorren
gurren	scharren	verwirren
Herr	schnurren	zerren
irren	sperren	Zigarre

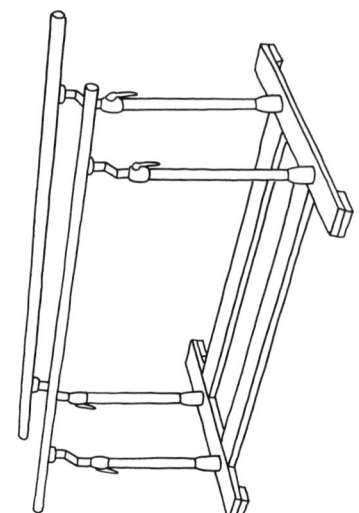

© Verlag an der Ruhr | Autorin: Mechtild Pesch-Beutmann | Illustration: © Norbert Hoveler | ISBN 978-3-8346-3698-0 | www.verlagruhr.de

---

Übungsheft 11:

Wörter mit rr

Arbeitsblatt	erledigt	kontrolliert
Wörterliste		
Nomen in die Mehrzahl setzen		
Verben in die Du-Form setzen		
Beispielwörter finden		
r und rr unterscheiden		
Suchsel		
Tierrätsel		

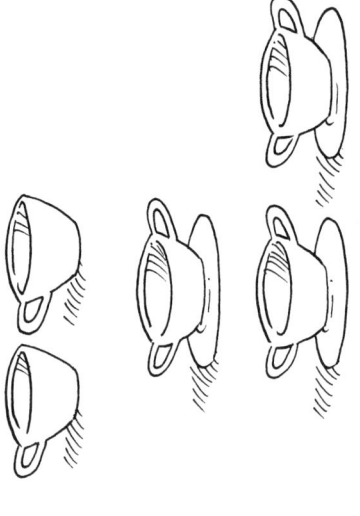

© Verlag an der Ruhr | Autorin: Mechtild Pesch-Beutmann | Illustrationen: © Norbert Hoveler | ISBN 978-3-8346-3698-0 | www.verlagruhr.de

Wir hören!

Verben in die Du-Form setzen

Schreibe hier alle Verben von der Wörterliste auf.
Bilde die Du-Form.

Grundform	Du-Form (wo sinnvoll)
beharren	du beharrst

© Verlag an der Ruhr | Autorin: Mechtild Pesch-Beulmann | ISBN 978-3-8346-3698-0 | www.verlagruhr.de

---

Wir hören!

Nomen in die Mehrzahl setzen

Schreibe hier alle Nomen von der Wörterliste auf.
Bilde die Mehrzahl.

Einzahl	Mehrzahl (falls möglich)
der Barren	die Barren

© Verlag an der Ruhr | Autorin: Mechtild Pesch-Beulmann | Illustration: © Norbert Höveler | ISBN 978-3-8346-3698-0 | www.verlagruhr.de

Wir hören!

r und rr unterscheiden

Setze ein: r oder rr.
Tipp: Schaue in die Wörterliste und denke an die Regel.

nach kurzem Vokal:
2 gleiche Konsonanten oder
2 verschiedene Konsonanten
nach langem Vokal oder Konsonant:
nur 1 Konsonant

das Mee............ die Postka............te

die Wu............zel schwa............z

der Na............ die Ke............ze

das Wo............t der Ga............ten

die Dü............e sta............

das Ka............o der Pfa............er

die Spe............e der Schme............z

das Geschi............ der Ste............n

© Verlag an der Ruhr | Autorin: Mechtild Pesch-Beutmann | Illustration: © Norbert Höveler | ISBN 978-3-8346-3698-0 | www.verlagruhr.de

---

Wir hören!

Beispielwörter finden

Finde zu jeder Schreibweise 3 Beispielwörter.
Tipp: Nimm die Wörterliste zu Hilfe.

arr: ....

err: ....

irr: ....

urr: ....

© Verlag an der Ruhr | Autorin: Mechtild Pesch-Beutmann | Illustration: © Norbert Höveler | ISBN 978-3-8346-3698-0 | www.verlagruhr.de

Wir hören!

Tierrätsel

Tiere tun vieles mit rr. Finde die Wörter.
Tipp: Nimm die Wörterliste zu Hilfe.

Die Katzen ....

Die Tauben ....

Die Hühner ....

Die Insekten ....

Die Hunde ....

© Verlag an der Ruhr | Autorin: Mechtild Pesch-Beutmann | Illustration: © Norbert Hoveler | ISBN 978-3-8346-3698-0 | www.verlagruhr.de

---

Wir hören!

Suchsel

Markiere die 10 Wörter mit rr.

F	L	H	E	R	R	Q	B	Y	L	M	L	Q	B
F	A	W	U	W	G	A	K	N	U	R	R	E	N
D	C	Q	G	P	Q	M	H	N	Q	K	O	U	U
S	D	E	I	P	L	S	B	W	L	E	M	Q	L
S	C	H	W	I	R	R	E	N	E	O	I	Y	R
B	G	G	L	C	Z	O	I	V	E	U	P	V	V
L	Y	N	W	H	F	T	N	L	S	H	H	A	V
P	V	U	L	O	I	B	L	Q	K	Q	E	M	E
S	S	C	H	N	U	R	R	E	N	S	R	A	R
B	X	X	O	E	B	T	V	Z	W	K	R	O	W
Z	G	V	S	P	E	R	R	E	N	L	B	I	I
E	D	X	Q	A	J	X	Y	D	H	I	K	R	K
R	F	G	E	S	C	H	I	R	R	Z	C	D	R
R	V	T	V	G	A	V	Z	Q	U	I	H	Y	E
E	Q	U	W	V	K	T	L	W	J	Z	Q	T	N
N	T	K	L	I	R	R	E	N	O	X	U	R	W

Lösung: Herr, knurren, schwirren, schnurren, sperren, Geschirr, klirren, zerren, herrlich, verwirren

© Verlag an der Ruhr | Autorin: Mechtild Pesch-Beutmann | ISBN 978-3-8346-3698-0 | www.verlagruhr.de

© Verlag an der Ruhr | Autorin: Mechtild Pesch-Beutmann | ISBN 978-3-8346-3698-0 | www.verlagruhr.de

Wir hören!

Wörterliste 1/2

Markiere Nomen gelb und Verben rot.

anstatt	fett	klettern
Batterie	fettig	Matte
Bett	flott	Mitte
betteln	Futter	mitten
Bitte	Gewitter	Motto
bitten	Gitter	Mutter
bitter	glatt	Natter
Blatt	Gott	nett
Brett	Hütte	Platte
Butter	Kette	Quittung

Wörter mit tt

Arbeitsblatt	erledigt	kontrolliert
Wörterliste (1–2)		
Nomen in die Mehrzahl setzen (1–2)		
Verben in die Du-Form setzen		
Wörter mehrmals schreiben		
Beispielwörter finden		
t und tt unterscheiden (1–2)		

© Verlag an der Ruhr | Autorin: Mechtild Pesch-Beutmann | Illustration: © Norbert Höveler | ISBN 978-3-8346-3698-0 | www.verlagruhr.de

Wir hören!

Nomen in die Mehrzahl setzen 1/2

Schreibe hier alle Nomen von der Wörterliste auf.
Bilde die Mehrzahl.

Einzahl	Mehrzahl (falls möglich)
die Batterie	die Batterien

© Verlag an der Ruhr | Autorin: Mechtild Pesch-Beutmann | ISBN 978-3-8346-3698-0 | www.verlagruhr.de

---

Wir hören!

Wörterliste 2/2

Markiere Nomen gelb und Verben rot.

Ratte	schmettern	stottern
retten	schnattern	Tablette
Ritter	Schnitt	Tritt
rütteln	schütteln	vermitteln
satt	schütten	wetten
Sattel	Splitter	Wetter
Schatten	spotten	Zettel
Schlitten	statt	zittern

© Verlag an der Ruhr | Autorin: Mechtild Pesch-Beutmann | Illustration: © Norbert Höveler | ISBN 978-3-8346-3698-0 | www.verlagruhr.de

Wir hören!

Verben in die Du-Form setzen

Schreibe hier alle Verben von der Wörterliste auf. Bilde die Du-Form.

Grundform	Du-Form
betteln	du bettelst

© Verlag an der Ruhr | Autorin: Mechtild Pesch-Beutmann | ISBN 978-3-8346-3698-0 | www.verlagruhr.de

---

Wir hören!

Nomen in die Mehrzahl setzen 2/2

Schreibe hier alle Nomen von der Wörterliste auf. Bilde die Mehrzahl.

Einzahl	Mehrzahl (falls möglich)

© Verlag an der Ruhr | Autorin: Mechtild Pesch-Beutmann | ISBN 978-3-8346-3698-0 | www.verlagruhr.de

Wir hören!

Beispielwörter finden

Finde zu jeder Schreibweise 3 Beispielwörter.

Tipp: Nimm die Wörterliste zu Hilfe.

att: ....

ett: ....

itt: ....

ott: ....

utt: ....

Wir hören!

Wörter mehrmals schreiben

Schreibe hier alle restlichen Wörter der Wörterliste 3-mal auf.

anstatt – anstatt – anstatt

Wir hören!

t und tt unterscheiden 2/2

Setze ein: t oder tt.

die Re_____ung   das Boo_____

mie_____en   bi_____e

das We_____er   der Li_____er

dor_____   der Mi_____ag

verspo_____en   das Gewi_____er

das Au_____o   die Ri_____erburg

kal_____   die Lei_____er

mu_____ig   verbie_____en

die Blä_____er   die Mie_____e

das Bro_____   die Mi_____e

der Me_____er   to_____

die Brau_____   der Eu_____er

die Leu_____e   läu_____en

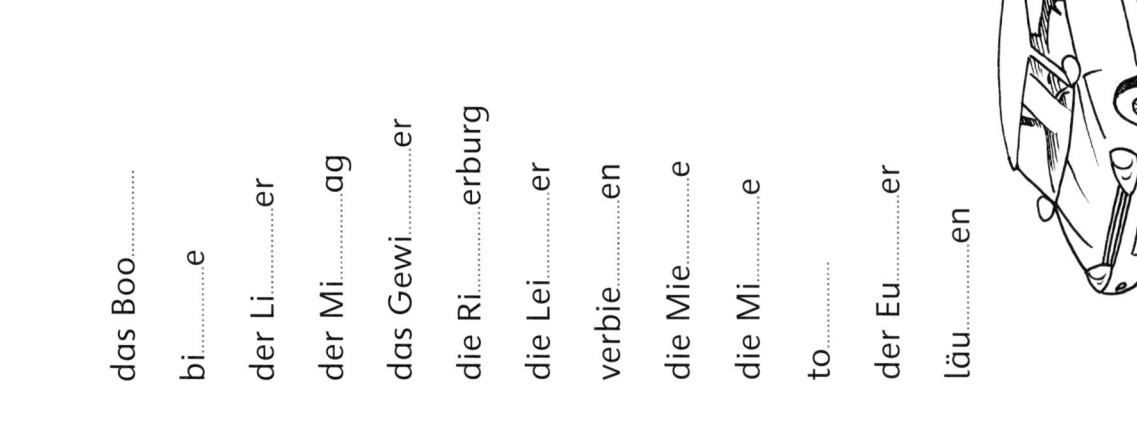

© Verlag an der Ruhr | Autorin: Mechtild Pesch-Beutmann | Illustration: © Norbert Höveler | ISBN 978-3-8346-3698-0 | www.verlagruhr.de

---

Wir hören!

t und tt unterscheiden 1/2

Setze ein: t oder tt.
Tipp: Schaue in die Wörterliste und denke an die Regel.

nach kurzem Vokal:
2 gleiche Konsonanten oder
2 verschiedene Konsonanten

nach langem Vokal oder Konsonant:
nur 1 Konsonant

nach au, ei, äu und eu:
nur 1 Konsonant

das Gewi_____er   der Saf_____

der Schme_____erling   we_____en

das Al_____er   der Mu_____ertag

der Ri_____er   der Go_____esdienst

wei_____er   die Ma_____e

gla_____   das Bla_____

die Mi_____ernacht   blä_____ern

© Verlag an der Ruhr | Autorin: Mechtild Pesch-Beutmann | Illustration: © Norbert Höveler | ISBN 978-3-8346-3698-0 | www.verlagruhr.de

Wir hören!

Wörterliste

Markiere alle Nomen gelb.

backen	lecken	Socke
blicken	locker	Speck
Brücke	Lücke	stecken
Dackel	Mücke	Stock
Deckel	Rock	stricken
dick	schicken	Stück
drucken	schmecken	trocken
Fleck	schmücken	verstecken
Glück	Schnecke	wecken
Jacke	Schreck	zurück

© Verlag an der Ruhr | Autorin: Mechtild Pesch-Beutmann | ISBN 978-3-8346-3698-0 | www.verlagruhr.de

---

Übungsheft 13:

Wörter mit ck

ck ist eigentlich kk, also auch ein Doppelkonsonant.

Arbeitsblatt	erledigt	kontrolliert
Wörterliste		
Nomen in die Mehrzahl setzen		
Wörter mehrmals schreiben		
Verben mit ck bilden		
k und ck unterscheiden		
Wörterrätsel		
Suchsel		

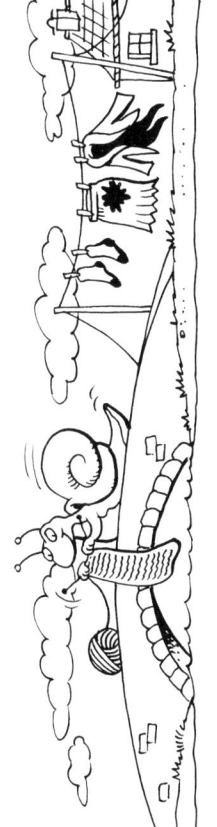

© Verlag an der Ruhr | Autorin: Mechtild Pesch-Beutmann | Illustrationen: © Norbert Höveler | ISBN 978-3-8346-3698-0 | www.verlagruhr.de

Wir hören!

Wörter mehrmals schreiben

Schreibe hier alle restlichen Wörter der Wörterliste 3-mal auf.

backen – backen – backen

© Verlag an der Ruhr | Autorin: Mechtild Pesch-Beutmann | Illustration: © Norbert Höveler | ISBN 978-3-8346-3698-0 | www.verlagruhr.de

---

Wir hören!

Nomen in die Mehrzahl setzen

Schreibe hier alle Nomen von der Wörterliste auf. Bilde die Mehrzahl.

Einzahl

Mehrzahl (falls möglich)

die Brücke

die Brücken

© Verlag an der Ruhr | Autorin: Mechtild Pesch-Beutmann | Illustration: © Norbert Höveler | ISBN 978-3-8346-3698-0 | www.verlagruhr.de

© Verlag an der Ruhr | Autorin: Mechtild Pesch-Beutmann | Illustration: © Norbert Hoveler | ISBN 978-3-8346-3698-0 | www.verlagruhr.de

Wir hören!

k und ck unterscheiden

Setze ein: k oder ck.

Tipp: Schaue in die Wörterliste und denke an die Regel.

ck steht **nur** nach **einem kurzen Vokal.**

die Wer......statt   die So.......en

der Ke.......s   der Schre......

der Blo......   das Gebä......

der Quar......   der Ro......

die Lo......e   das Gelen......

der La......   blin......en

das Frühstü......   die He......e

die The......e   der Ha......en

die Scho......olade   ha......en

Wir hören!

Verben mit ck bilden

Bilde aus diesen Nomen Verben mit ck.

Nomen	Verb
der Wecker	wecken
der Schluck	
der Schmuck	
der Bäcker	
der Blick	
der Hocker	
das Versteck	
der Schreck	
der Drucker	
der Geschmack	

© Verlag an der Ruhr | Autorin: Mechtild Pesch-Beutmann | Illustration: © Norbert Hoveler | ISBN 978-3-8346-3698-0 | www.verlagruhr.de

Wir hören!

Suchsel

Nicht immer steht nach einem kurzen Vokal ck. Im Suchsel verstecken sich 8 Nomen mit einfachem k. Markiere und schreibe auf.

S	L	V	C	K	R	Z	S	O	T
V	F	A	B	R	I	K	L	O	J
J	B	R	X	M	T	F	D	Q	H
V	Y	K	R	I	N	S	E	K	T
W	A	R	O	P	F	F	E	C	H
D	D	I	J	P	B	K	I	J	D
I	D	T	Y	O	N	I	S	D	O
K	F	I	Z	L	S	N	T	G	K
T	O	K	I	J	D	E	X	T	
A	W	I	M	T	S	O	C	C	O
T	Y	X	U	B	J	H	Y	R	
U	V	V	W	J	U	M	A	V	
Q	B	C	W	M	H	I	W	H	
P	A	K	E	T	A	K	S	W	

Lösung: Fabrik, Diktat, Kritik, Insekt, Politik, Doktor, Technik, Paket

© Verlag an der Ruhr | Autorin: Mechtild Pesch-Beutlmann | ISBN 978-3-8346-3698-0 | www.verlagruhr.de

---

Wir hören!

Wörterrätsel

**Finde die passenden Wörter mit ck.
Tipp:** Nimm die Wörterliste zu Hilfe.

Flussüberweg: ....

Flaschenverschluss: ....

Hunderasse: ....

Gegenteil von Pech: ....

langsames Tier: ....

Insekt: ....

Gegenteil von nass: ....

Kleidungsstück für Frauen: ....

Gegenteil von dünn: ....

Lösung: die Brücke, die Schnecke, dick, der Rock, die Mücke, der Dackel, trocken, das Glück, der Deckel

© Verlag an der Ruhr | Autorin: Mechtild Pesch-Beutlmann | Illustration: © Norbert Höveler | ISBN 978-3-8346-3698-0 | www.verlagruhr.de

Wir hören!

Wörterliste

Markiere alle Nomen gelb.

besitzen	Pfütze	schwätzen
Blitz	Platz	setzen
Hitze	platzen	sitzen
jetzt	putzen	Spatz
Katze	Satz	spitz
kratzen	Schatz	spritzen
Metzger	schmutzig	stützen
Mütze	Schnitzel	verletzen
nutzen	schützen	witzig

© Verlag an der Ruhr | Autorin: Mechtild Pesch-Beutmann | Illustration: © Norbert Höveler | ISBN 978-3-8346-3698-0 | www.verlagruhr.de

---

Übungsheft 14:

Wörter mit tz

tz ist eigentlich zz, also auch ein Doppelkonsonant.

Arbeitsblatt	erledigt	kontrolliert
Wörterliste		
Nomen in die Mehrzahl setzen		
Wörter mehrmals schreiben		
Verben mit tz bilden		
z und tz unterscheiden		

© Verlag an der Ruhr | Autorin: Mechtild Pesch-Beutmann | Illustrationen: © Norbert Höveler | ISBN 978-3-8346-3698-0 | www.verlagruhr.de

Wir hören!

Wörter mehrmals schreiben

Schreibe hier alle restlichen Wörter der Wörterliste 3-mal auf.

besitzen – besitzen – besitzen

Wir hören!

Nomen in die Mehrzahl setzen

Schreibe hier alle Nomen von der Wörterliste auf. Bilde die Mehrzahl.

Einzahl	Mehrzahl (falls möglich)
der Blitz	die Blitze

z und tz unterscheiden

Setze ein: z oder tz.
Tipp: Schaue in die Wörterliste und denke an die Regel.

tz steht **nur** nach **einem kurzen Vokal** und **nie** nach **au, ei, äu** und **eu.**

die Hi……e   der Pla……

das Her……   der Ar……t

der Spa……   das Sal……

schwar……   der Pil……

der Sa……   das Kreu……

der Bli……   spi……

der Wi……   die Spri……e

das Hol……   stür……en

die Hei……ung   kur……

der Wei……en   die Wur……el

die Schnau……e   das Kreu……

ankreu……en   schnäu……en

© Verlag an der Ruhr | Autorin: Mechtild Pesch-Beutmann | Illustration: © Norbert Höveler | ISBN 978-3-8346-3698-0 | www.verlagruhr.de

---

Verben mit tz bilden

Bilde aus diesen Nomen Verben mit tz.

Nomen	Verb
der Blitz	blitzen
der Kratzer	
der Schutz	
der Setzkasten	
der Spitzer	
die Spritze	
die Stütze	
der Schatz	
der Hausputz	
die Verletzung	

© Verlag an der Ruhr | Autorin: Mechtild Pesch-Beutmann | Illustration: © Norbert Höveler | ISBN 978-3-8346-3698-0 | www.verlagruhr.de

Wir hören!

Stimmhaftes und stimmloses s hören

Wir unterscheiden stimmhafte und stimmlose s-Laute.
Das **stimmhafte s** klingt wie das Summen einer **Biene**,
das **stimmlose s** wie das Zischen einer **Schlange**.

In welchen Wörtern hörst du ein summendes Bienen-s, in welchen ein zischendes Schlangen-s? Ordne zu.

die Sonne – gießen – küssen – die Reise – beißen – der Hase – sagen – groß – wissen – lesen – gesund – die Rose – müssen – nass

stimmhaftes s	stimmloses s

© Verlag an der Ruhr | Autorin: Mechtild Pesch-Beutmann | Illustrationen: © Norbert Höveler | ISBN 978-3-8346-3698-0 | www.verlagruhr.de

---

Übungsheft 15:

Wörter mit s-Lauten

Arbeitsblatt	erledigt	kontrolliert
Stimmhaftes und stimmloses s hören		
Wörter verlängern (1–2)		
Wörterliste – ss		
Nomen in die Mehrzahl setzen – ss		
Verben in die Du-Form setzen – ss		
Wörterliste – ß		
ss und ß unterscheiden (1–2)		
Wortbedeutungen unterscheiden		
s, ß und ss unterscheiden		

© Verlag an der Ruhr | Autorin: Mechtild Pesch-Beutmann | Illustration: © Norbert Höveler | ISBN 978-3-8346-3698-0 | www.verlagruhr.de

Wir hören!

Wörter verlängern 2/2

Setze ein: s oder ß.

Tipp: Verlängere den ersten Teil des Wortes. Dann kannst du den richtigen s-Laut hören.

Wort	verlängertes Wort
der Fu__ß__ ball	die Füße
der Gra____halm	
die Hau____tür	
der Spa____vogel	
die Ei____waffel	
die Sto____stange	
die Lo____nummer	
die Gla____scheibe	
der Rei____verschluss	
der Gro____vater	
die Hal____schmerzen	

© Verlag an der Ruhr | Autorin: Mechtild Pesch-Beutmann | Illustration: © Norbert Hoveler | ISBN 978-3-8346-3698-0 | www.verlagruhr.de

---

Wir hören!

Wörter verlängern 1/2

Am Wortende hörst du immer ein **stimmloses s** (zum Beispiel: Haus). Verlängere das Wort und finde heraus, ob du es mit s, ss oder ß schreiben musst.

Verlängere die Wörter und unterstreiche den s-Laut.

Wort	verlängertes Wort
die Mau.s....	die Mäuse
gro..ß....	größer
der Strau....	
hei....	
das Hau....	
der Klo....	
das Ma....	
das Gla....	
wei....	
sü....	
der Prei....	

© Verlag an der Ruhr | Autorin: Mechtild Pesch-Beutmann | ISBN 978-3-8346-3698-0 | www.verlagruhr.de

Wir hören!

Nomen in die Mehrzahl setzen – ss

Schreibe hier alle Nomen von der Wörterliste auf.
Bilde die Mehrzahl.

Einzahl	Mehrzahl (falls möglich)
der Biss	die Bisse

© Verlag an der Ruhr | Autorin: Mechtild Pesch-Beutmann | ISBN 978-3-8346-3698-0 | www.verlagruhr.de

---

Wir hören!

Wörterliste – ss

Markiere Nomen gelb und Verben rot.

Biss	Kuss	passieren
essen	küssen	Schlüssel
fassen	lassen	Schüssel
Fluss	Masse	Sessel
fressen	messen	Tasse
Gasse	Messer	verbessern
hassen	müssen	vergessen
Kasse	nass	vermissen
Kissen	Nuss	Wasser
Klasse	passen	wissen

© Verlag an der Ruhr | Autorin: Mechtild Pesch-Beutmann | ISBN 978-3-8346-3698-0 | www.verlagruhr.de

Wir hören!

Wörterliste – ß

Schreibe diese Wörter ab.

außer	gießen	der Schweiß
beißen	groß	die Soße
draußen	grüßen	der Spaß
dreißig	heiß	der Spieß
fleißig	heißen	stoßen
fließen	der Kloß	die Straße
das Floß	reißen	der Strauß
der Fuß	schießen	süß
genießen	schließen	weiß

© Verlag an der Ruhr | Autorin: Mechtild Pesch-Beutmann | Illustration: © Norbert Hoveler | ISBN 978-3-8346-3698-0 | www.verlagruhr.de

---

Wir hören!

Verben in die Du-Form setzen – ss

Schreibe hier alle Verben von der Wörterliste auf.
Bilde die Du-Form. Achtung: Ein Verb aus der Liste schreibt man in der Du-Form mit ß.

Grundform	Du-Form (wo sinnvoll)
essen	du isst

© Verlag an der Ruhr | Autorin: Mechtild Pesch-Beutmann | ISBN 978-3-8346-3698-0 | www.verlagruhr.de

Wir hören!

ss und ß unterscheiden 1/2

Der stimmhafte s-Laut wird immer mit s geschrieben.
Wenn du einen **stimmlosen s-Laut** entdeckt hast, gilt
folgende Regel:

ss steht nach **kurzen Vokalen,**
ß steht nach **langen Vokalen**
oder **au, eu, ei** und **äu.**

Setze ein: ss oder ß.

der Ri............   flei............ig

ha............en   schie............en

sto............en   verge............en

gie............en   vermi............en

la............en   hei............en

rei............en   der Se............el

er wei............   wi............en

© Verlag an der Ruhr | Autorin: Mechtild Pesch-Beulmann | Illustration: © Norbert Höveler | ISBN 978-3-8346-3698-0 | www.verlagruhr.de

---

Wir hören!

ss und ß unterscheiden 2/2

Setze ein: ss oder ß.
Tipp: Nutze die Grundform.

Er hei..ß..t Tom.   _heißen_

Sie schlie............t die Tür.

Er schie............t den Ball.

Die Hose pa............t dir gut.

Er verlä............t das Haus.

Sie mi............t die Länge.

Du mu............t mir helfen.

Im Tal flie............t ein Bach.

Sie begrü............t die Oma.

Er bei............t ins Brötchen.

© Verlag an der Ruhr | Autorin: Mechtild Pesch-Beulmann | Illustration: © Norbert Höveler | ISBN 978-3-8346-3698-0 | www.verlagruhr.de

Wir hören!

s, ß und ss unterscheiden

Setze ein: s, ß oder ss.

Er lie___t ein Buch.	das Wei___brot
Sie brem___t.	der Be___en
Sie hei___t Maria.	der Rei___epa___
Er zerrei___t etwas.	die Wei___heit
Der Wind blä___t.	___auber
Er rei___t nach Rom.	Er ist hei___er.
Du mu___t le___en.	Der Tee ist hei___er.
Sie i___t Kuchen.	der Ku___
Du wei___t etwas.	die Fü___e
Der Hund bei___t.	die Flü___e
schlie___lich	die Grü___e
e___bar	ei___kalt

© Verlag an der Ruhr | Autorin: Mechtild Pesch-Beutmann | Illustration: © Norbert Höveler | ISBN 978-3-8346-3698-0 | www.verlagruhr.de

---

Wir hören!

Wortbedeutungen unterscheiden

hasst: von hassen
isst: von essen
biss: von beißen

hast oder hasst?

Du ___ ein schönes Spielzeug.

Du ___ schwierige Diktate.

Du ___ eine gute Note bekommen.

ist oder isst?

Er ___ nicht gern Spinat.

Sie ___ müde.

Er ___ nach Hause gegangen.

bis oder biss?

Ferien sind noch ___ Sonntag.

Er ___ in einen Apfel.

Tschüs, ___ morgen!

© Verlag an der Ruhr | Autorin: Mechtild Pesch-Beutmann | Illustrationen: © Norbert Höveler | ISBN 978-3-8346-3698-0 | www.verlagruhr.de

2/6

Wir können nicht alles sofort hören!

Wörter verlängern 1/3

Setze ein: d oder t.

Tipp: Verlängere das Wort im Kopf.
Dann kannst du d und t gut hören.

der Hun......	die Wan......
der Mona......	die Han......
das Klei......	der Wal......
das Lich......	der Sala......
das Wor......	der Ran......
das Bil......	das Ba......
der Win......	das Lan......
das Kin......	das Ra......
das Bro......	der Mun......
das Fel......	der Freun......

Achtung!
Diese Wörter musst du dir merken:
bald, und, während.

© Verlag an der Ruhr | Autorin: Mechtild Pesch-Beutmann | ISBN 978-3-8346-3698-0 | www.verlagruhr.de

78

Übungsheft 16:

Wörter mit d oder t

Arbeitsblatt	erledigt	kontrolliert
Wörter verlängern (1–3)		
Wortbedeutungen unterscheiden (1–2)		

© Verlag an der Ruhr | Autorin: Mechtild Pesch-Beutmann | Illustration: © Norbert Höveler | ISBN 978-3-8346-3698-0 | www.verlagruhr.de

Wir können nicht alles sofort hören!

Wörter verlängern 3/3

Setze ein: d oder t.

Tipp: Verlängere den ersten Teil des Wortes.
Dann kannst du d und t gut hören.

die Er____beere	das Zel____lager
der Bin____faden	die Zei____angabe
frie____lich	das Win____rad
schä____lich	die Kin____heit
die Lan____karte	der Bil____schirm
die San____burg	der Bro____kasten
der Hem____knopf	die Wel____reise
die Wan____leuchte	der Ra____fahrer
die Mon____rakete	die Bra____pfanne
die Mu____probe	der Bun____stift

Wir können nicht alles sofort hören!

Wörter verlängern 2/3

Setze ein: d oder t.

Tipp: Verlängere das Wort im Kopf.
Dann kannst du d und t gut hören.

Die Puppe ist al____.	Er ist mir frem____.
Das Bild ist bun____.	Es ist zar____.
Der Stein ist har____.	Sie ist blin____.
Das Tier ist wil____.	Das Spiel ist gu____.
Es ist zu spä____.	Die Hose ist wei____.
Der Weg ist wei____.	Mir ist schlech____.
Das Eis ist kal____.	Wir sind gesun____.
Der Ball ist run____.	Ihr seid zu lau____.

Wir können nicht alles sofort hören!

Wortbedeutungen unterscheiden 1/2

Die Wörter seit und seid klingen gleich. Du kannst sie an ihrer Bedeutung unterscheiden: **Sei<u>t</u>** hat mit **Zei<u>t</u>** zu tun, **seid** kommt von **sein**.

Setze ein: Seit oder seid.

Sei.......... ihr alle da?

Wir essen sei.......... 5 Wochen nur Spinat.

Paul hat sei.......... zwei Tagen Zahnschmerzen.

Ihr sei.......... aber hungrig!

Ich habe dich sei.......... Wochen nicht gesehen!

Ihr sei.......... sei.......... gestern wieder gesund.

© Verlag an der Ruhr | Autorin: Mechtild Pesch-Beutmann | Illustrationen: © Norbert Höveler | ISBN 978-3-8346-3698-0 | www.verlagruhr.de

---

Wir können nicht alles sofort hören!

Wortbedeutungen unterscheiden 2/2

Die Wortbausteine **end** und **ent** klingen gleich. Du kannst sie an ihrer Bedeutung unterscheiden: **end** kommt von **Ende**. Ent meint meistens „**weg**" oder „**fort**".

Setze ein: End/end oder Ent/ent.

das ....spiel

..........fernen

..........sorgen

..........lich

un..........lich

..........lassen

die ....station

die ....schuldigung

© Verlag an der Ruhr | Autorin: Mechtild Pesch-Beutmann | Illustrationen: © Norbert Höveler | ISBN 978-3-8346-3698-0 | www.verlagruhr.de

Wir können nicht alles sofort hören!

Verben in die Du-Form setzen

Bilde die Du-Form.

Grundform	Du-Form
steigen	du steigst
tragen	
zeigen	
parken	
sagen	
legen	
liegen	
fliegen	
folgen	
fragen	
blöken	
quaken	

© Verlag an der Ruhr | Autorin: Mechtild Pesch-Beutmann | Illustration: © Norbert Hoveler | ISBN 978-3-8346-3698-0 | www.verlagruhr.de

---

Übungsheft 17:

Wörter mit g oder k

Arbeitsblatt	erledigt	kontrolliert
Verben in die Du-Form setzen		
Wörter verlängern (1–2)		

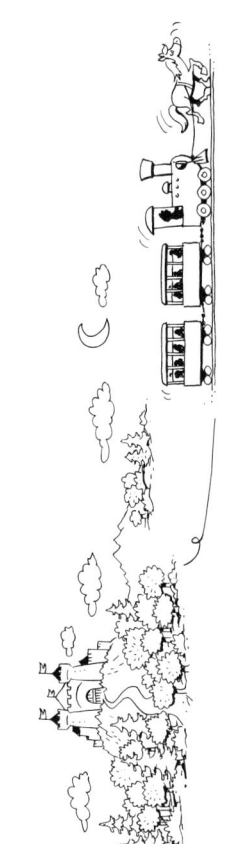

© Verlag an der Ruhr | Autorin: Mechtild Pesch-Beutmann | Illustration: © Norbert Hoveler | ISBN 978-3-8346-3698-0 | www.verlagruhr.de

4/4

Wir können nicht alles sofort hören!

Wörter verlängern 2/2

Setze ein: g oder k.
Tipp: Verlängere das Wort.
Dann kannst du g und k gut hören.

Er brin____t. → Wir brin____en.

Sie win____t. → Wir win____en.

Er schen____t. → Wir schen____en.

Sie fän____t. → Wir fan____en.

Sie sin____t. → Wir sin____en.

Er den____t. → Wir den____en.

Sie sprin____t. → Wir sprin____en.

Er dan____t. → Wir dan____en.

Es blin____t. → Sie blin____en.

Es hän____t. → Sie hän____en.

Sie tan____t. → Wir tan____en.

© Verlag an der Ruhr | Autorin: Mechtild Pesch-Beutmann | Illustration: © Norbert Höveler | ISBN 978-3-8346-3698-0 | www.verlagruhr.de

---

3/4

Wir können nicht alles sofort hören!

Wörter verlängern 1/2

Setze ein: g oder k.
Tipp: Verlängere das Wort im Kopf.
Dann kannst du g und k gut hören.

die Ban____   der Spu____

der Ber____   star____

die Bur____   der Ta____

der Dan____   der Tan____

die Fabri____   der We____

der Flu____   das Wer____

klu____   das Zeu____

der Köni____   der Zu____

kran____   der Zwei____

die Musi____   der Zwer____

Achtung!
Diese Wörter musst du dir merken:
der Honig, der Park, der Quark.

© Verlag an der Ruhr | Autorin: Mechtild Pesch-Beutmann | Illustration: © Norbert Höveler | ISBN 978-3-8346-3698-0 | www.verlagruhr.de

Wir können nicht alles sofort hören!

Wörter verlängern 1/2

Setze ein: b oder p.

Tipp: Verlängere das Wort.
Dann kannst du b und p gut hören.

Wort	verlängertes Wort
der Betrie……	die Betriebe
lie……	lieber
gel……	………………
das Gra……	………………
gro……	………………
das Prinzi……	………………
der Kor……	………………
der Die……	………………
das Lo……	………………
der Rau……	………………
der Sta……	………………
der Urlau……	………………
plum……	………………

© Verlag an der Ruhr | Autorin: Mechtild Pesch-Beutlmann | ISBN 978-3-8346-3698-0 | www.verlagruhr.de

---

Übungsheft 18:

Wörter mit b oder p

Arbeitsblatt	erledigt	kontrolliert
Wörter verlängern (1–2)		
Suchsel		

© Verlag an der Ruhr | Autorin: Mechtild Pesch-Beutlmann | Illustration: © Norbert Höveler | ISBN 978-3-8346-3698-0 | www.verlagruhr.de

Wir können nicht alles sofort hören!

Suchsel

**Nicht immer kannst du b und p hörbar machen.
Im Suchsel verstecken sich 8 Wörter, die du dir merken musst. Markiere und schreibe auf.**

G	P	R	D	H	W	S	C	S
X	R	A	P	S	L	S	H	R
T	X	X	A	Y	G	W	E	M
T	S	S	Y	X	B	M	R	K
G	N	E	H	L	K	Y	B	Y
V	T	P	J	H	G	G	S	C
E	G	T	N	A	P	X	T	D
R	I	E	L	U	L	A	K	S
B	X	M	J	P	V	T	W	C
S	M	B	F	T	M	K	L	G
E	D	E	C	S	K	R	N	I
J	X	R	I	T	Y	E	J	P
O	W	L	G	R	U	B	T	S
B	F	O	E	A	W	S	N	O
S	L	P	ß	N	R	N	R	O
T	Q	Y	M	E	G	I	S	B

Lösung: Raps, Erbse, Obst, Herbst, September, Hauptstraße, Krebs, Gips

© Verlag an der Ruhr | Autorin: Mechtild Pesch-Beutmann | ISBN 978-3-8346-3698-0 | www.verlagruhr.de

---

Wir können nicht alles sofort hören!

Wörter verlängern 1/2

Setze ein: b oder p.
Tipp: Verlängere das Wort oder einen Teil davon im Kopf. Dann kannst du b und p gut hören.

er kle____t   der Gra____stein

betrü____t   das Erle____nis

das Kal____   der Schrei____tisch

er gi____t   der Stau____sauger

die Erlau____nis   die Lei____speise

er pum____t   zerlum____t

die Schu____lade   das Lo____

sie hu____t   der Die____stahl

gel____   sie le____t

hal____   das Erle____nis

das Rau____tier   das Urlau____sfoto

sie rei____t   der Kle____stoff

und hir sind auch nur drei mit

„p" d____abei

© Verlag an der Ruhr | Autorin: Mechtild Pesch-Beutmann | Illustration: © Norbert Höveler | ISBN 978-3-8346-3698-0 | www.verlagruhr.de

Wir können nicht alles sofort hören!

Nomen in die Mehrzahl setzen

Setze die Wörter in die Mehrzahl.

der Zaun → die Zäune

die Laus → ....

die Maus → ....

die Haut → ....

der Raum → ....

der Strauch → ....

der Baum → ....

die Faust → ....

das Kraut → ....

der Bauch → ....

der Schlauch → ....

das Maul → ....

© Verlag an der Ruhr | Autorin: Mechtild Pesch-Beutlmann | ISBN 978-3-8346-3698-0 | www.verlagruhr.de

---

Übungsheft 19:

Wörter mit äu/eu und ä/e

Arbeitsblatt	erledigt	kontrolliert
Nomen in die Mehrzahl setzen		
Wortverwandte mit au finden		
Suchsel – äu		
äu und eu unterscheiden		
Aus a wird ä		
ä und e unterscheiden		
Suchsel – ä		

© Verlag an der Ruhr | Autorin: Mechtild Pesch-Beutlmann | Illustration: © Norbert Höveler | ISBN 978-3-8346-3698-0 | www.verlagruhr.de

Wir können nicht alles sofort hören!

Suchsel – äu

Im Suchsel verstecken sich 5 Wörter, die man mit äu schreibt, obwohl sie keinen Wortverwandten mit au haben. Markiere und schreibe auf.

S	Ä	U	L	E	R	I
E	G	W	O	Q	H	Q
E	B	W	W	R	P	L
N	K	W	V	Ä	G	T
T	I	O	F	U	I	Q
T	W	L	L	S	T	T
Ä	L	L	X	P	W	S
U	O	K	M	E	J	T
S	Y	N	A	R	I	R
C	M	Ä	S	N	O	Ä
H	S	U	E	U	K	U
E	P	E	H	O	E	B
N	R	L	R	P	P	E
W	B	P	W	K	N	N

Lösung: Säule, räuspern, enttäuschen, Wollknäuel, sträuben

© Verlag an der Ruhr | Autorin: Mechtild Pesch-Beutmann | Illustration: © Norbert Höveler | ISBN 978-3-8346-3698-0 | www.verlagruhr.de

---

Wir können nicht alles sofort hören!

Wortverwandte mit au finden

Suche verwandte Wörter mit au. äu kommt (fast) immer von einem Wort mit au.

die Säure   ↑ ....

säubern   ↑ ....

äußerlich   ↑ ....

räuchern   ↑ ....

schäumen   ↑ ....

räumen   ↑ ....

verträumt   ↑ ....

der Kräutertee   ↑ ....

der Räuber   ↑ ....

der Läufer   ↑ ....

das Gebäude   ↑ ....

bläulich   ↑ ....

der Käufer   ↑ ....

© Verlag an der Ruhr | Autorin: Mechtild Pesch-Beutmann | Illustration: © Norbert Höveler | ISBN 978-3-8346-3698-0 | www.verlagruhr.de

Wir können nicht alles sofort hören!

Aus a wird ä

Suche verwandte Wörter mit ä.

halten → du _____

fallen → du _____

schlafen →

das Band →

die Gans →

der Rand →

das Land →

das Bad →

der Garten →

der Stall →

der Wald →

der Satz →

© Verlag an der Ruhr | Autorin: Mechtild Pesch-Beutmann | Illustration: © Norbert Höveler | ISBN 978-3-8346-3698-0 | www.verlagruhr.de

---

Wir können nicht alles sofort hören!

äu und eu unterscheiden

Setze ein: äu oder eu.

Tipp: Wenn du kein verwandtes Wort mit au findest, schreibst du eu.

l_____chten   t_____er

der Verk_____fer   die _____le

tr_____men   das Ger_____sch

die L_____te   n_____

das Z_____gnis   die B_____le

ger_____mig   bet_____ben

bed_____ten   str_____en

die Fr_____de   das Abent_____er

die Schl_____che   h_____len

fr_____ndlich   h_____te

gl_____big   das Kr_____z

© Verlag an der Ruhr | Autorin: Mechtild Pesch-Beutmann | Illustration: © Norbert Höveler | ISBN 978-3-8346-3698-0 | www.verlagruhr.de

Suchsel – ä

Im Suchsel verstecken sich 10 Wörter, die man mit ä schreibt, obwohl sie keinen Wortverwandten mit a haben. Markiere und schreibe auf.

N	E	M	Ä	D	C	H	E	N
U	Q	I	C	R	E	H	U	S
L	Q	G	N	K	M	E	M	R
Ä	D	A	Ä	W	Ä	A	Ä	S
R	O	O	M	Y	R	U	R	M
M	B	N	L	H	C	H	Z	J
D	E	R	I	N	H	O	A	I
G	L	U	C	Y	E	C	E	V
E	O	X	H	L	N	K	A	O
S	T	J	U	V	P	K	B	R
C	W	A	P	P	U	P	K	W
H	W	T	R	Ä	N	E	M	Ä
Ä	L	M	J	V	Y	Q	S	R
F	I	S	P	Ä	T	I	P	T
T	X	U	V	I	R	S	E	S
M	V	S	K	Ä	S	E	P	T

Lösung: Mädchen, Lärm, nämlich, Märchen, März, Geschäft, Träne, vorwärts, spät, Käse

© Verlag an der Ruhr | Autorin: Mechtild Pesch-Beutmann | ISBN 978-3-8346-3698-0 | www.verlagruhr.de

---

Ä und e unterscheiden

Setze ein: ä oder e.
Tipp: Wenn du kein verwandtes Wort mit a findest, schreibst du e.

die N......gel   k......mmen

der K......ller   das W......tter

der T......ller   kr......ftig

auf alle F......lle   die St......dte

die Tierf......lle   das Gespr......ch

die Bl......tter   die Pferdest......lle

b......llen   an Ort und St......lle

© Verlag an der Ruhr | Autorin: Mechtild Pesch-Beutmann | Illustration: © Norbert Höveler | ISBN 978-3-8346-3698-0 | www.verlagruhr.de

Wir können nicht alles hören!

Wörterliste

Lies alle Wörter und schreibe sie auf.

der Advent	der Vater	die Violine
brav	der Vegetarier	das Virus
die Kurve	das Veilchen	der Vogel
der Nerv	das Verb	der Vokal
der November	der Verdacht	voll
privat	der Verkehr	von
der Pullover	das Video	vor
das Pulver	viel	vorher
das Silvester	vier	die Vorsicht
der Vampir	das Viertel	die Vorstellung
die Vanille	die Villa	vorwärts
die Vase	violett	der Vulkan

89

Übungsheft 20:

Wörter mit V/v

Arbeitsblatt	erledigt	kontrolliert
Wörterliste		
Wörterrätsel		
Suchsel		
Vorsilben einsetzen		
Wortbedeutungen unterscheiden		

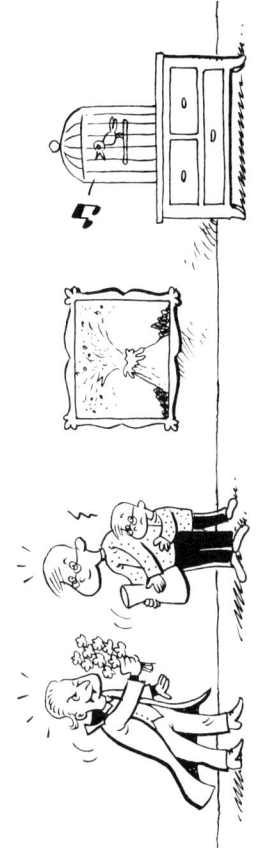

Wir können nicht alles hören!

Suchsel

Markiere die 15 Wörter mit V/v.

T	B	S	V	I	D	E	O	Z	T	I	N	X	V
A	J	J	R	R	B	C	D	R	K	J	V	Y	E
V	A	N	I	L	L	E	P	J	J	D	E	I	G
J	O	S	D	I	M	C	V	D	G	V	R	O	E
G	V	B	V	E	R	K	E	H	R	O	D	U	T
B	I	Y	Y	C	K	I	H	O	K	W	A	H	A
T	E	P	V	O	K	A	L	Q	H	C	M	R	
X	R	F	T	V	L	A	F	K	M	R	H	E	I
J	B	N	E	A	K	D	X	Q	V	M	T	S	E
F	V	E	I	L	C	H	E	N	E	W	A	L	R
N	M	G	L	Z	B	Y	C	W	B	Q	L	H	Z
E	E	P	U	L	V	E	R	K	K	U	R	V	E
B	A	Q	D	R	F	N	V	C	N	P	O	I	G
R	R	V	E	R	B	T	V	A	M	P	I	R	D
A	C	N	K	U	J	N	U	Z	U	L	U	D	J
V	D	N	P	R	I	V	A	T	B	N	E	R	V

Lösung: Video, Vanille, Verdacht, Vegetarier, vier, Verkehr, Vokal, Veilchen, Pulver, Kurve, brav, Verb, Vampir, privat, Nerv

© Verlag an der Ruhr | Autorin: Mechtild Pesch-Beutmann | ISBN 978-3-8346-3698-0 | www.verlagruhr.de

90

Wir können nicht alles hören!

Wörterrätsel

Finde die passenden Wörter mit V/v.

Tipp: Nimm die Wörterliste zu Hilfe.

Monat: ....

letzter Tag im Jahr: ....

Elternteil: ....

Gefäß für Blumen: ....

anderes Wort für Geige: ....

Ursache für Krankheiten: ....

Gegenteil von leer: ....

Kleidungsstück: ....

herrschaftliches Haus: ....

Tier mit Federn: ....

Lösung: der Vater, die Villa, voll, das Silvester, die Violine, der November, das Virus, die Vase, der Pullover, der Vogel

© Verlag an der Ruhr | Autorin: Mechtild Pesch-Beutmann | Illustration: © Norbert Höveler | ISBN 978-3-8346-3698-0 | www.verlagruhr.de

Wir können nicht alles hören!

Wortbedeutungen unterscheiden

Setze ein: viel oder fiel.

Es hatte in der Nacht .... geschneit.

Fritz rannte nach draußen, rutschte auf der Treppe aus

und .... sofort hin.

Anne war direkt hinter Fritz und ....

über ihn. Den Kindern taten die Knie weh, aber sonst

war nicht .... passiert. Das nächste Mal

wollen die Kinder .... vorsichtiger sein.

© Verlag an der Ruhr | Autorin: Mechtild Pesch-Beutmann | ISBN 978-3-8346-3698-0 | www.verlagruhr.de

---

Wir können nicht alles hören!

Vorsilben einsetzen

Setze die Vorsilben ver- oder vor- ein.
Tipp: Manchmal passen auch beide Vorsilben.

bieten ↑ ....

sorgen ↑ ....

beugen ↑ ....

spielen ↑ ....

täuschen ↑ ....

lassen ↑ ....

schreiben ↑ ....

fahren ↑ ....

raten ↑ ....

singen ↑ ....

gehen ↑ ....

suchen ↑ ....

lieben ↑ ....

© Verlag an der Ruhr | Autorin: Mechtild Pesch-Beutmann | Illustration: © Norbert Höveler | ISBN 978-3-8346-3698-0 | www.verlagruhr.de

Wir können nicht alles hören!

Wörterliste

Markiere Wörter mit x grün und Wörter mit chs blau.

die Axt	extra	der Ochse
boxen	der Fuchs	die Praxis
die Büchse	die Hexe	sechs
der Dachs	der Lachs	das Taxi
die Eidechse	das Lexikon	der Text
erwachsen	der Luchs	wachsen
das Experiment	der Luxus	wechseln
die Explosion	der Mixer	zunächst

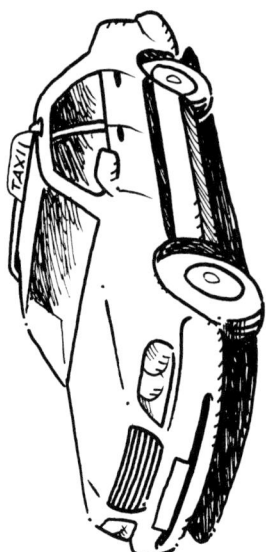

© Verlag an der Ruhr | Autorin: Mechtild Pesch-Beutmann | Illustration: © Norbert Höveler | ISBN 978-3-8346-3698-0 | www.verlagruhr.de

---

Übungsheft 21:

Wörter mit x und chs

Arbeitsblatt	erledigt	kontrolliert
Wörterliste		
Wörter Tabelle zuordnen		
Tierrätsel		
Wörterrätsel		
Suchsel		

© Verlag an der Ruhr | Autorin: Mechtild Pesch-Beutmann | Illustration: © Norbert Höveler | ISBN 978-3-8346-3698-0 | www.verlagruhr.de

Wir können nicht alles hören!

Tierrätsel

Welche Tiere sind hier zu sehen?
Tipp: Man schreibt sie alle mit chs.

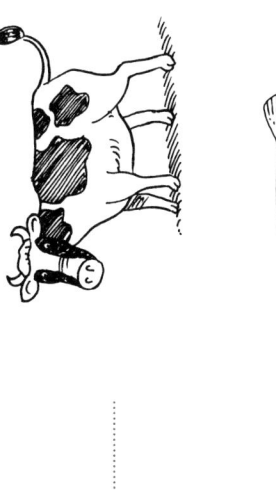

....

....

....

....

....

Lösung: der Fuchs, die Echse,
der Ochse, der Lachs,
der Luchs, der Dachs

© Verlag an der Ruhr | Autorin: Mechtild Pesch-Beutlmann | Illustrationen: © Norbert Hoveler (außer Echse) | ISBN 978-3-8346-3698-0 | www.verlagruhr.de

---

Wir können nicht alles hören!

Wörter Tabelle zuordnen

Trage hier die Wörter von der Wörterliste ein.

Wörter mit x	Wörter mit chs
die Axt	die Büchse
....	....
....	....
....	....
....	....
....	....
....	....

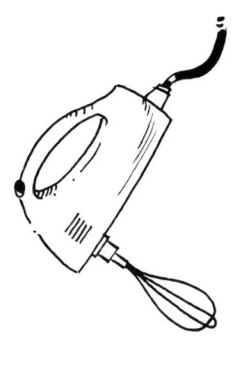

© Verlag an der Ruhr | Autorin: Mechtild Pesch-Beutlmann | Illustration: © Norbert Hoveler | ISBN 978-3-8346-3698-0 | www.verlagruhr.de

Wir können nicht alles hören!

Suchsel

Markiere die 15 Wörter mit x und chs.

I	E	X	T	R	A	D	H	D	R	E	J	I	J
J	Q	O	B	U	S	X	C	F	X	R	G	X	Y
W	C	B	J	X	M	O	G	O	K	W	Y	W	V
Z	U	W	A	C	H	S	E	N	E	A	S	S	L
U	F	G	S	K	B	D	W	V	A	C	O	C	I
N	K	B	W	H	P	K	U	L	D	H	N	A	S
Ä	B	H	E	Q	R	D	P	L	N	S	F	F	J
C	G	I	C	T	A	K	E	L	L	E	Z	B	U
H	O	R	H	D	X	T	S	E	T	T	O	O	Z
S	W	W	S	U	I	F	Q	X	H	Q	K	X	C
T	Y	Z	E	Q	S	E	H	I	G	H	E	A	
H	S	H	L	J	Q	D	V	K	E	J	N	W	
R	T	B	N	T	Q	C	L	O	Q	A	J		
H	A	V	X	A	D	S	U	L	F	H	U		
U	I	A	V	A	L	U	X	U	N				

Lösung: extra, erwachsen, zunächst, wachsen, wechseln, die Praxis, das Lexikon, boxen, das Taxi, der Luxus

© Verlag an der Ruhr | Autorin: Mechthild Pesch-Beutlmann | ISBN 978-3-8346-3698-0 | www.verlagruhr.de

---

Wir können nicht alles hören!

Wörterrätsel

Finde die passenden Wörter mit x und chs.

Tipp: Nimm die Wörterliste zu Hilfe.

Werkzeug: ....

anderes Wort für Dose: ....

Küchengerät: ....

anderes Wort für Versuch: ....

Märchenfigur: ....

lauter Knall: ....

einstellige Zahl: ....

viele Sätze hintereinander: ....

Lösung: die Büchse, die Explosion, der Mixer, die Hexe, die Axt, sechs, das Experiment, der Text

© Verlag an der Ruhr | Autorin: Mechthild Pesch-Beutlmann | Illustration: © Norbert Höveler | ISBN 978-3-8346-3698-0 | www.verlagruhr.de

Vorlesen üben mit Dialog-Geschichten – Klasse 1/2

15 kurze Lese-Stücke auf praktischen Textkarten

Kl. 1–2, 32 farbige feste Karten A4 + 28 S.
Begleitheft, in praktischer Aufbewahrungsbox
Best.-Nr. 978-3-8346-2987-6

▶ Witzige Texte wecken Freude am Lesen
▶ Überwindung von Lesehemmungen
  durch einfachen Zugang
▶ Förderung des Leseverständnisses durch
  Partnerkontrolle und inhaltliche Fragen

Bilder erzählen Geschichten

Erste realistische Schreibanlässe

**Arbeitsblätter für die Grundschule
in 3 Differenzierungsstufen**

Kl. 1–2, 64 S., A4, Heft
Best.-Nr. 978-3-8346-2970-8

▶ 15 verschiedene Schreibanlässe aus
  der Lebenswelt der Kinder, je 3-fach
  differenziert
▶ mit ansprechenden Themenbildern
  als Schreibimpuls

Mit Montessori in großen Sprüngen den Satzbau erobern

**Anleitungen, Vorlagen, handlungs-
orientierte Materialien**

Kl. 2–4, 144 S., A4, Paperback, vierfarbig
Best.-Nr. 978-3-8346-2984-5

▶ Satzbau lernen nach Montessori
▶ Grammatik aneignen durch Bewegung
▶ Ganzheitliches Erleben von Satzstrukturen

30 x Rechtschreibung für 45 Minuten – Klasse 4

**Ausgearbeitete Stunden
mit Kopiervorlagen**

Kl. 4, 96 S., A4, Paperback
Best.-Nr. 978-3-8346-2968-5

▶ Alle wichtigen Rechtschreibfälle in
  motivierenden Aufgaben verpackt
▶ Für einen sicheren Umgang mit
  der Schriftsprache

Merk-Poster

Deutsch-Wissen auf einen Blick – Klasse 3/4

Kl. 3–4, 12 Poster A3
Best.-Nr. 978-3-8346-0867-3

▶ 12 übersichtliche und dekorative
  Merkposter
▶ Antworten auf die häufigsten Fragen
  der Kinder
▶ Individuell einsetzbar

Satzbau üben und festigen

Kopiervorlagen mit Lösungen

Kl. 3–4, 80 S., A4, Heft
Best.-Nr. 978-3-8346-2971-5

▶ Satzbau systematisch einführen,
  üben und festigen
▶ Ausführliche Übungsmöglichkeiten
  ohne überflüssigen Schnickschnack
▶ Selbsterklärende, wiederkehrende
  Aufgaben und Methoden

Gute Elterngespräche in der Grundschule

Hintergrundwissen, Checklisten und Praxisanleitungen für alle Anlässe

Kl. 1–4, 144 S., 17 x 24 cm, Paperback
Best.-Nr. 978-3-8346-2977-7

▶ Grundlagen der guten Gesprächsführung verständlich vermittelt
▶ Infos, Hilfen, Vorlagen zu den wichtigsten Gesprächsanlässen

Mobbing gegen Lehrer

Tipps und Strategien zur Selbsthilfe und Prävention

Kl. 1–13, 136 S., 17 x 24 cm, Paperback
Best.-Nr. 978-3-8346-2913-5

▶ Der erste Ratgeber zum Tabuthema „Mobbing gegen Lehrer"
▶ Praxiserprobte Interventions- und Präventionsmöglichkeiten
▶ Konkrete Hilfen, Handlungsempfehlungen und Tipps

Das Anti-Stress-Buch für die Schule

Entspannungsübungen und Selbsthilfestrategien zum Stressabbau für Kinder von 6 bis 12 Jahren

6–12 Jahre, 112 S., 17 x 24 cm, Paperback
Best.-Nr. 978-3-8346-2712-4

▶ Anti-Stress-Training speziell für Kinder
▶ Bewährte Strategien, effektiv und nachhaltig
▶ Von Achtsamkeit bis Yoga

Klassensprecher, Klassenrat und Schülerparlament

Praxisanleitungen zur Demokratieerziehung in der Grundschule

Kl. 1–4, 120 S., A4, Paperback
Best.-Nr. 978-3-8346-2978-4

▶ Klassengemeinschaft fördern – Gewalt und Mobbing vorbeugen
▶ Eigenverantwortlichkeit gezielt trainieren
▶ Demokratisches Handeln schon ab Klasse 1 anbahnen

Gewaltfreie Klasse – gewaltfreie Schule

Ein praxiserprobtes Konzept gegen Aggression und für demokratisches Miteinander

Kl. 1–6, 208 S., 17 x 24 cm, Paperback
mit CD-ROM
Best.-Nr. 978-3-8346-2719-3

▶ Mehrfach ausgezeichnetes und an einer Brennpunktschule entwickeltes Programm
▶ Wahlweise in einer Klasse oder der ganzen Schule umsetzbar

Wenn es mit Schülern, Eltern und Kollegen mal schwierig wird

50 Anregungen für Problemlösungen im Schulalltag

Kl. 1–10, 184 S., 17 x 24 cm, Paperback
Best.-Nr. 978-3-8346-2432-1

▶ Konkrete Fallbeispiele mit Lösungsstrategien bei Problemen mit Eltern, Schülern, Kollegen und der eigenen Person
▶ Übersichtlich sortiert nach beteiligten Konfliktpersonen und Problemsituationen